Feng Shui Clásico
Vol. I

Luantau Pai

&

Yigua

Feng Shui Clásico
Luantau Pai (La Forma)
&
Yigua (Ocho Mansiones)
Vol. I
LANZ

Los conceptos Básicos del Feng Shui de La
Forma (Luantau Pai)
y sus repercusiones en nuestra vida
Fundamentos del uso de la brújula (Liqi Pai)
y su utilización en la técnica de las
ocho mansiones (Yigua)

Feng Shui Clásico, Vol. I
Luantau Pai (La Forma) & Yigua (Ocho Mansiones)

ISBN: 978-9942-14-393-8

Registro de Derechos de Autor: QUI - 043856

Portada: Arte, diseño y producción. Miles McMullan.

Impreso en Quito -Ecuador, Agosto – 2016.

Agradecimientos

Este libro no hubiera sido posible sin la influencia de todas las personas que me conocen. El aporte que han tenido todas las vidas a mí alrededor, me han llevado al estudio y al conocimiento de la Metafísica China; especialmente mi familia y muy particularmente mi padre espiritual (F.S.), quienes fueron los poderosos catalizadores que me llevaron al camino del conocimiento del Feng Shui y el Bazi.

CONTENIDO

Lista de Tablas

Lista de Figuras

Introducción

Desde que inicié el largo camino del conocimiento de las artes de la Metafísica China, especialmente del Feng Shui y del Bazi, no he podido más que sorprenderme por la abundante literatura que se puede encontrar sobre estos temas.

Con tantos documentos disponibles en papel y a través del internet, es difícil de saber cuáles de las publicaciones son de utilidad y cuáles no, cuáles aportan con conocimiento verdadero y cuáles no. La mayoría de las publicaciones pierden el sentido y se dedican a seguir un mercantilismo fútil sin beneficio verdadero o pierden el camino mezclando el Feng Shui y el Bazi con el esoterismo.

Existe muy poca literatura en español y de calidad sobre el Feng Shui Clásico; mi intento por presentar el verdadero Feng Shui y de desmitificar su práctica, me ha impulsado a publicar una serie de libros relacionados al Feng Shui y el Bazi dedicados a los hispanoparlantes.

Este volumen es el inicio de un grupo de libros que espero aporten y faciliten el conocimiento de la Metafísica China Clásica y que nos hagan entender que cualquier persona puede practicar y entender el Feng Shui, lo mismo que el Bazi; y que el nivel de conocimiento de estas artes solo dependerá del interés y del tiempo que se les dedique a su estudio y a su práctica. La lectura y la práctica llevarán a cualquier persona a ser un maestro del Feng Shui y del Bazi.

Un verdadero maestro de metafísica china es reconocido por la incansable necesidad de lectura y autoeducación a través de los textos antiguos. Este libro pretende ser el primer escalón para que cualquier persona inicie el camino del conocimiento del verdadero Feng Shui. Un camino que puede llevar a los lectores a un conocimiento lleno de satisfacciones y de iluminación.

CAPÍTULO I

Conceptos básicos del Feng Shui

¿Qué es el Feng Shui?

De acuerdo con la traducción literal, Feng Shui significa "Viento y Agua" aludiendo a la energía que existe en cada uno de estos elementos.

Un aforismo chino expresa: "Cuando el Chi cabalga el viento se dispersa, cuando alcanza el agua se detiene"; refiriéndose de esta manera a la presencia de la energía vital y como la misma se manifiesta en el planeta tierra y en especial dentro de estos dos elementos.

El Feng Shui es un arte milenario, una filosofía de vida que trata y estudia el flujo de la energía vital o **"Chi"** en nuestro entorno, tiene la finalidad de beneficiarnos de las manifestaciones positivas de la energía y de minimizar los efectos negativos producto de la falta de Chi o de la presencia de "Chi hiriente". Un ambiente balanceado propicia mejor salud, incremento de prosperidad y relaciones beneficiosas.

¿Por qué practicar Feng Shui?

En que nos beneficia la práctica del Feng Shui:

1. Mejorar la salud
2. Promover un mejor sueño y descanso
3. Sentirse en control de uno mismo y de las situaciones

4. Sentirse más cómodo en casa/oficina
5. Eliminar la depresión
6. Incrementar la automotivación
7. Prevenir accidentes
8. Prevenir enredos y entrampamientos legales o influencias maliciosas
9. Prevenir comportamientos autodestructivos
10. Prevenir adicciones
11. Estimular la vida social
12. Crear relaciones armoniosas en el hogar/trabajo
13. Incrementar las posibilidades de conseguir pareja y hasta contraer matrimonio
14. Coadyuvar el embarazo y prevenir abortos
15. Evitar separaciones y divorcio
16. Desarrollar mejores hábitos de estudio
17. Aumentar la creatividad
18. Mejorar las condiciones de trabajo
19. Estimular y mejorar los negocios
20. Obtener trabajo, recibir un aumento o promoción

Orígenes del Feng Shui

A pesar de que el primer libro conocido sobre Feng Shui data del año 300 A.C. y de que las bases fundamentales del Feng Shui Clásico se sentaron a inicios del Siglo XI, el Feng Shui es mucho más antiguo.

Debido a que el Feng Shui era practicado por un reducido número de personas y en círculos exclusivos, inicialmente sus conocimientos se transmitieron en forma oral. Para algunos estudiosos, la evidencia arqueológica apunta a que los inicios del Feng Shui datan de circa 6000 A.C.

El Feng Shui ya existía -como práctica formal- para el año 600 A.C. cuando aparecen los primeros escritos sobre el Taoísmo; de hecho, el Tao y el Feng Shui comparten un símbolo que es la representación de una de sus bases fundamentales, el Tai Ch'i.

Figura 1.1 El Símbolo Tai Ch'i.

La práctica y el conocimiento de la Metafísica China

La práctica y el conocimiento de la Metafísica China se deben conceptualizar como un todo de tres componentes:

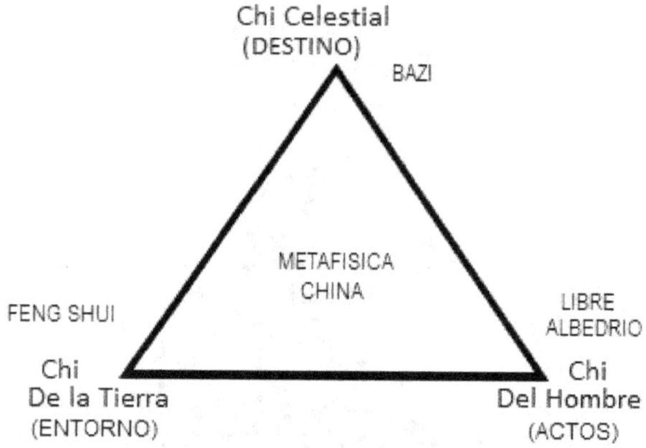

Figura 1.2 La trilogía del conocimiento de la Metafísica China

El Chi de la Tierra se refiere a la energía que recibimos de nuestro entorno y de los elementos que lo componen, su estudio se realiza a través de las técnicas del Luantau Pai (conocimiento y estudio del paisaje) y del Liqui Pai (la utilización de la brújula y sus fundamentos). Este es el arte del Feng Shui, arte que se encarga del estudio de la energía del entorno.

El estudio del Chi Celestial o designio divino, el cual marca al hombre desde su nacimiento. El lugar y particularmente el momento de nuestro nacimiento tienen una energía característica e individual que nos invade al momento de nuestro nacimiento; ese Chi o energía vital ingresa en nuestro ser en el momento de nuestra primera respiración. Esta energía se define en función del año, mes, día y hora al momento del nacimiento. Este concepto se conoce como los cuatro pilares del destino. Los cuatro pilares sintonizan el Chi Celestial que regirá sobre nuestros condicionamientos de vida y creará nuestro destino. El arte metafísico Ba Zi, también conocido como los 8 caracteres o Cuatro Pilares, se encarga del estudio de la energía de las personas y del tiempo.

El estudio de la energía del hombre que incluye el conocimiento del destino celestial (Ba Zi) y del entorno terrenal (Feng Shui), comprende la influencia del espacio-tiempo en nuestros pensamientos, palabras y acciones. Estudia el qué, cómo y cuándo de lo que pensamos, decimos y hacemos. Este conocimiento debe indicarnos las mejores formas de proceder en nuestros ambientes y en el tiempo.

Una práctica correcta de la Metafísica China debe buscar armonía a través del uso correcto de estos tres componentes: Feng Shui, Ba Zi y el Libre Albedrio.

Las artes que complementan el conocimiento de la Metafísica China son: El Ming Xiang o lectura del rostro, la Medicina Tradicional China y las Artes Marciales. Existen otras prácticas mucho más refinadas, hasta cierto punto más complicadas y sofisticadas. Estas son: la Estrella Púrpura o Zi Wei Dou Shu, que tiene un carácter más astrológico y concentrado en el destino del consultante y el Qi Men Dun Jia que es un refinado sistema para sintonizar el espacio/tiempo y encontrar el lugar y el momento preciso para actuar.

El Feng Shui "Simplificado"

Una de las características de la práctica del Feng Shui es la existencia de varias escuelas; lo que se ha prestado para generar confusión entre los interesados y practicantes del mismo. Algunas de estas prácticas no tienen ningún fundamento formal y prácticamente ninguna utilidad, este es el caso de las variaciones del Feng Shui que enumeraremos a continuación.

La Escuela del New Age Feng Shui (Feng Shui de la Nueva Era), estipula que la orientación magnética de la entrada de la casa determina la ubicación de las mansiones con las aspiraciones de vida en las ocho direcciones o mansiones, estas ocho direcciones también son usadas en el Feng Shui Clásico. Según la escuela del New Age estos sectores o "aspiraciones de vida" son activados por el elemento correspondiente a la dirección del sector de la casa. Sin embargo, la práctica de este Feng Shui -simplista y rudimentario- no genera ningún bienestar para sus seguidores.

El Feng Shui budista o de la Secta de Los Sombreros Negros, utiliza la puerta de la casa como el eje norte de orientación de la casa, aunque la puerta de entrada no esté dirigida en sentido norte y a partir de ahí, la casa se divide en 8 sectores o estaciones que son activados con el elemento correspondiente a cada una de las direcciones establecidas en el Feng Shui Clásico.

Estas dos pseudo-formas de Feng Shui utilizan espejos, cristales, flautas de bambú, listones rojos, estatuas y esculturas de varios tipos para activar los sectores de aspiraciones de vida/estaciones.

Estas prácticas son consideradas arbitrarias y de ninguna utilidad en el Feng Shui Clásico.

El Feng Shui Clásico o Tradicional

El Feng Shui Clásico tiene dos teorías fundamentales:

1) La teoría del Luantau Pai que enfatiza la observación del paisaje, montañas, ríos o las calles y edificios para establecer criterios de armonía. Así mismo, se define lo formal, lo propio, lo correcto para dentro y fuera de las casas, sus ambientes y la mueblería.

2) La teoría del Liqui Pai que enfatiza el uso de la brújula como instrumento para encontrar los sitios más favorables. El uso de la brújula es de gran utilidad especialmente en los ambientes urbanos actuales. El Liqui Pai también incluye el estudio del ciclo de los elementos en conjunción con los "signos del zodiaco" o Doce Ramas Terrestres.

La Teoría de los 5 elementos

Uno de los fundamentos esenciales del Feng Shui es el conocimiento básico de la Teoría de los 5 Elementos. A continuación, definimos los 5 elementos de la Metafísica China, utilizados tanto en el Feng Shui como en el Ba Zi.

MADERA

Figura 1.3 Madera

Es energía de crecimiento, se asocia a formas verticales, es renovación, creatividad y desarrollo. En exceso genera competencia y discordia. Se asocia a las plantas vivas, al color verde, a la primavera y al planeta Júpiter.

FUEGO

Figura 1.4 Fuego

Es dinamismo y actividad, calor, acción, movimiento, luz, calefacción. Se asocia con el color rojo, señales de peligro, con la sangre, las formas triangulares, con el verano y el planeta Marte.

TIERRA

Figura 1.5 Tierra

Es lo sólido, lo estable, el peso gravitacional, corresponde a las formas cuadradas o cúbicas y a los colores amarillos y terrosos, cuadros de paisajes, cerámica, etc. El fin del verano y el planeta Saturno.

Figura 1.6 Metal

METAL

Es la materia densa y compacta, la energía que empuja hacia adentro. Sus formas son las esferas, las formas circulares, se manifiesta a través de superficies brillantes, pulidas, refractivas y de color blanco. Planeta Venus.
Representa la concentración de energía a través de la riqueza (monedas y joyas) y de la restricción de la energía a través de cerrojos, candados, celdas y de todo lo que se usa para poner orden y límites. El otoño.

Figura 1.7 Agua

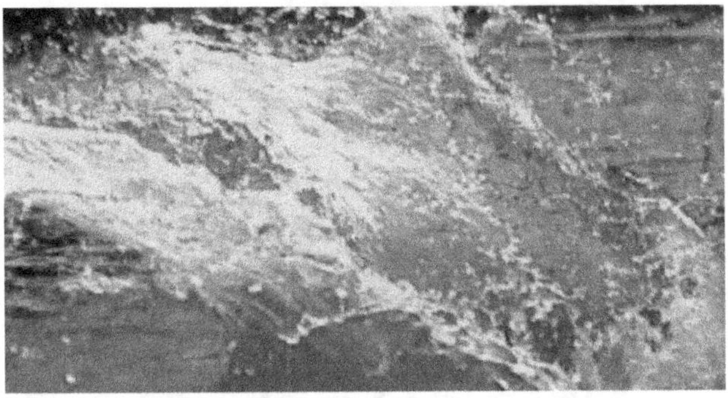

AGUA

Elemento en permanente movimiento y de mucha energía, se asocia con los fluidos, la inteligencia y en grandes cantidades puede llegar a ser atemorizante. El agua es de fundamental importancia en el Feng Shui y la presencia interna o externa del agua en una vivienda produce efectos en la energía de la misma. El agua no siempre se puede aceptar dentro de la casa, inclusive existen casas para las que el agua genera efectos negativos. El uso del agua observa muchas reglas que detallaremos en el capítulo VI. Se relaciona a las formas onduladas y al vidrio. A los colores negro, azul marino y verdes muy intensos, al invierno y al planeta Mercurio.

Todos los objetos, colores, texturas y formas se pueden relacionar a uno o varios de los 5 elementos.

La Teoría de los 5 Elementos

Ciclos de los 5 Elementos

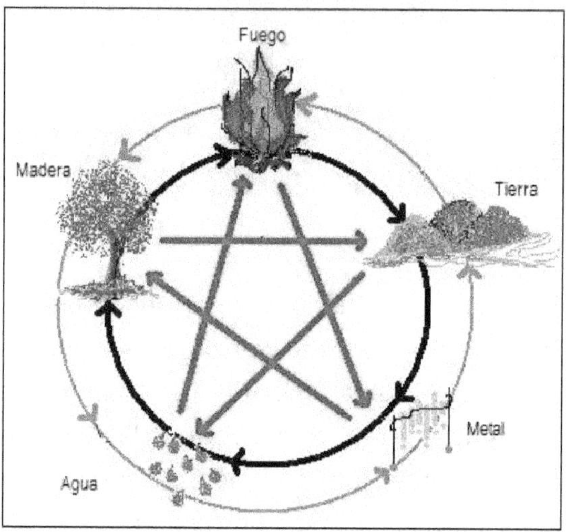

Figura 1.8 Los Ciclos de los 5 Elementos

Esta teoría proporciona la base formal para razonar las curas o soluciones del Feng Shui, es el fundamento de las fórmulas de la brújula, astrología China, la numerología China, del calendario y de la medicina China. Conjuntamente con el símbolo Tai Ch'i son la columna vertebral de todas las disciplinas de la metafísica tradicional China. Los elementos son utilizados para balancear la energía negativa y potenciar la positiva.

Las relaciones de los elementos en el ciclo

Ciclo de la creación o generación

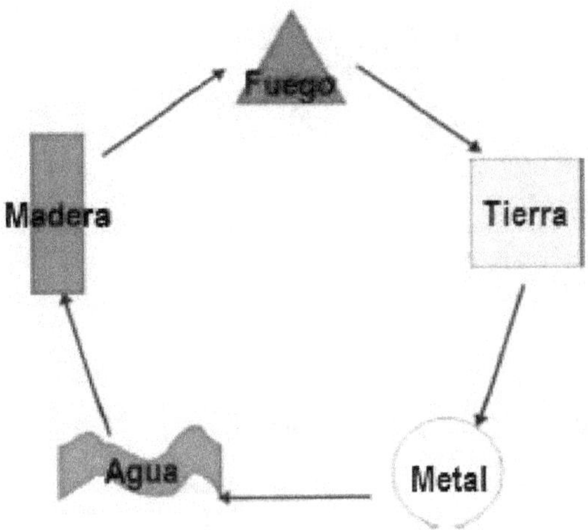

Figura 1.9 Ciclo de creación

Madera alimenta al Fuego
Fuego produce Tierra
Tierra genera Metal
Metal condensa o genera Agua
Agua alimenta Madera.

Es decir que, si ya tenemos un elemento existente, el mismo puede ser aumentado o potenciado añadiendo el elemento que lo genera, o añadiendo más del elemento existente.

Ciclo de reducción

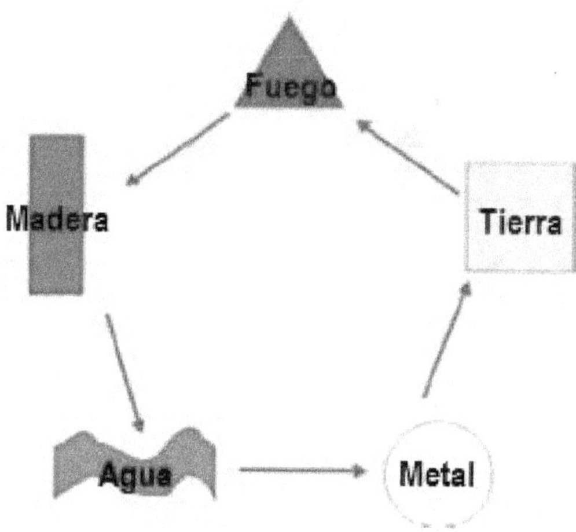

Figura 1.10 El ciclo de reducción

Madera absorbe Agua

Agua corroe Metal

Metal reduce Tierra

Tierra sofoca Fuego

Fuego consume Madera

Es decir que añadiendo uno de los elementos se puede reducir la cantidad de uno ya presente.

Ciclo de Control

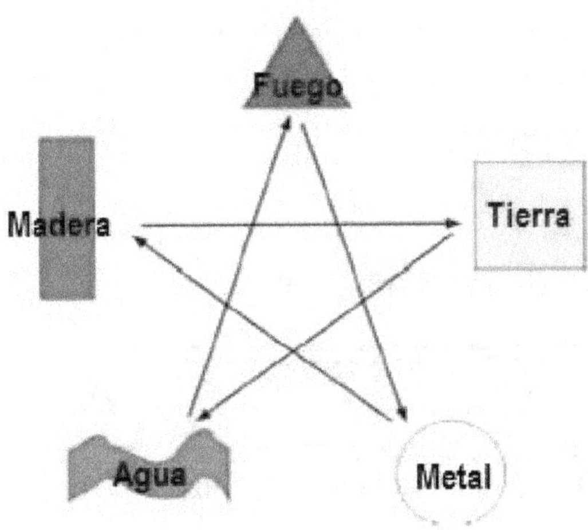

Figura 1.11 El ciclo de control

Fuego funde Metal

Metal corta el crecimiento de la Madera

Las raíces de las plantas (Madera) penetran en la Tierra

La Tierra pone límites al movimiento del Agua

El Agua apaga el Fuego

Tanto las relaciones generativas, así como las de reducción, son útiles y de uso armónico, no se las puede considerar a unas positivas y a otras negativas; pero como regla general, a todo lo que requiera crecimiento y actividad le corresponden las relaciones generativas (Yang) y a lo que requiera reposo y tranquilidad le corresponden las relaciones de reducción (Yin).

El equilibrio de la casa debe pensarse en forma global, tomando en cuenta toda la casa, su orientación y las personas que la habitan. Es normal y deseable que en una habitación predomine alguno de los 5 elementos ya que esto le va a dar carácter y personalidad a la misma.

Tabla 1.1 El carácter de los elementos

ELEMENTO	CARÁCTER
FUEGO	Actividad, energía, impulsividad
TIERRA	Estabilidad, conservación
METAL	Concentración, individualidad
AGUA	Tranquilidad, introspección
MADERA	Creatividad, renovación

Tabla 1.2 Los ambientes de la casa y su característica Yin/Yang

Predominio Yang	Equilibrio Yin-Yang	Predominio Yin
Entradas Recibidores Cocinas Cuartos de Juego Corredores y escaleras	Salas de Estar Comedores Estudios	Cuartos de Baño Dormitorios

El uso de los colores

Erróneamente se piensa que la armonización de una vivienda puede solamente hacerse utilizando los colores y tonos que representan los 5 elementos; sin embargo, en el Feng Shui el color no tiene el mismo efecto que el elemento mismo. El color puede usarse como una alternativa cuando no hay otra opción o como un detalle complementario.

Dependiendo del efecto que pretendamos crear con el uso de los colores, podemos utilizar el ciclo generativo de los colores o el ciclo de control.

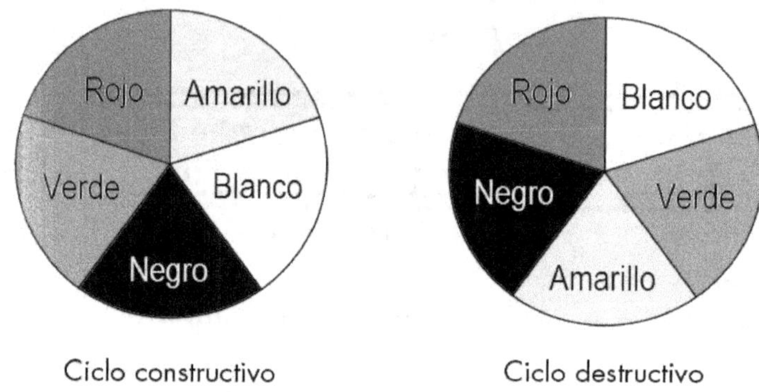

Ciclo constructivo   Ciclo destructivo

Figura 1.12 Los colores en los ciclos constructivo y destructivo

Recordando el ciclo generativo de los elementos, la secuencia es: madera-fuego-tierra-metal-agua-madera. Se puede tomar esta secuencia en segmentos de tres. Por ejemplo, tierra-metal-agua que traducida a los colores sería amarillo, blanco y negro o cualquiera de los equivalentes, digamos colores térreos, tonos claros de gris o dorado y azules o verdes intensos.

La secuencia de control puede usarse como método alternativo de lograr equilibrio. La secuencia es: Tierra-Agua-Fuego-Metal-Madera-Tierra, entonces tomamos los elementos en grupos de tres. Digamos fuego-metal-madera que traducido a los colores podría ser: rosado, gris pálido y tonos tenues de verde.

En la figura 1.12 las secuencias se leen en sentido horario, lógicamente el éxito de la aplicación de los colores es elegir los tonos adecuados y aplicarlos apropiadamente en el ambiente.

Tabla 1.3 Los elementos y sus colores equivalentes

ELEMENTO	COLORES EQUIVALNTES
FUEGO	Rojo, rosado, anaranjado intenso, amarillo intenso
TIERRA	Amarillo, colores tierra, ocre, marrón, beige
METAL	Blanco, plateado
AGUA	Azul marino, negro, gris oscuro
MADERA	Verde, tonalidas muy pálidas del azul, turquesa

CAPÍTULO II

El Feng Shui de la Forma (Luantau Pai)

CHI disponible, energía disponible

El Chi o energía vital puede estar "disponible" o "no disponible" dependiendo de las condiciones en las que se encuentra. Por ejemplo, el Chi disperso del viento no es disponible; por el contrario, el Chi concentrado en el agua es útil y disponible.

Figura 2.1 Paisaje con mucha energía disponible

Algunos de los lugares portadores o generadores del Chi son las montañas; así mismo, generando Chi disponible se encuentran las pendientes poco pronunciadas. En las zonas urbanas la energía es generada por las edificaciones y construcciones, especialmente por aquellas que tienen cimientos. Cuando se realizan excavaciones y se remueve la tierra, aflora energía que se vuelve disponible para su entorno.

Figura 2.2 Ríos y carreteras como portadores de energía

Los ríos al igual que sus equivalentes virtuales -las carreteras- son generadores de Chi, especialmente cuando son sinuosos y de movimiento apacible. Los ríos y carreteras de movimiento rápido y precipitoso no generan Chi disponible. La circulación de energía en línea recta genera Chi no disponible; lo mismo ocurre con las estructuras agresivas o terminadas en punta.

El Ming Tang

Otro factor importante son los espacios abiertos, especialmente aquellos localizados al frente de las edificaciones, los espacios abiertos permiten que el Chi se estabilice y acumule. Estos se conocen como Ming Tang (salón brillante). El Chi beneficioso se conoce como Sheng Chi y a la vez, el Chi perjudicial como Sha Chi. En forma general, los ejemplos de los dos tipos de Chi se pueden conceptualizar pensando en cosas que nos causan sensaciones agradables Sheng y desagradables Sha.

Figura 2.3 Casa con buen Ming Tang

El Chi producto de las "flechas envenenadas" es aquel que impacta con violencia y rapidez, tales como el Chi producido por carreteras rectas y largas, puertas de entrada y salida opuestas, ventanas opuestas, objetos o estructuras de edificios con bordes afilados o puntiagudos apuntando directamente hacia nuestra posición.

La tortuga negra, el tigre blanco, el dragón verde, el ave fénix y la serpiente amarilla

Estas figuras se refieren a estructuras sean bien naturales o artificiales que rodean una casa o edificación y que le brindan soporte, beneficios y ayuda; además de Chi generativo.

La tortuga negra es una estructura que representa el respaldo de una edificación y por lo tanto, le brinda protección, soporte y cuidado.

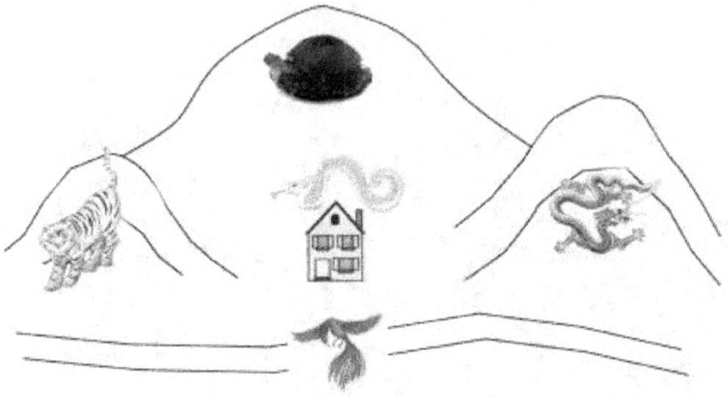

Figura 2.4. La tortuga negra, el tigre blanco, el dragón verde, el ave fénix y la serpiente amarilla

El dragón verde es la protección a la izquierda de la edificación y se asocia con la acción, la fuerza y el lado masculino; el tigre blanco es la protección a la derecha de una edificación y se lo asocia con la intuición y el lado femenino.

El ave fénix es una estructura de poca altura o cuerpo de agua que aquieta el Chi antes de ingresar a tu casa o edificación, se asocia con la apertura de visión y de pensamiento. La serpiente amarilla es receptiva, sensible y expectante, se ubica en el centro de las otras deidades y representa la edificación en cuestión, nuestro propio edificio o casa.

Figura 2.5 Los animales celestiales en el paisaje de una vivienda

Tortuga Negra : **Norte**
Ave Fénix   : Sur
Dragón Verde   : Este
Tigre Blanco   : Oeste

Estos animales celestiales tienen una correspondencia con los puntos cardinales, pero para el Feng Shui de la Forma, lo importante es la correspondencia con las estructuras que soportan el entorno de una edificación.

En los paisajes urbanos las cuatro deidades celestiales son equivalentes a otras edificaciones y estructuras que aportan protección para el entorno del predio.

La ubicación de nuestra casa o edificio (apartamento)

La ubicación de un predio en relación a la topografía del terreno tiene repercusiones importantes en cuanto a la calidad del Chi que recibe.

Viviendo en el tope de una montaña

Figura   2.6 Una casa en el tope de una montaña

Este no es un lugar auspicioso, desprotegido no solo de las fuerzas de la naturaleza sino también sujeto a vulnerabilidad psicológica. Las personas que viven en lo más alto de la montaña, mayormente sufren de inseguridad y de sentirse constantemente expuestos. A menudo sufren de nerviosismo e insomnio.

Viviendo en una pendiente muy inclinada

Figura 2.7 Una casa en una pendiente muy inclinada

Para el Feng Shui, aquellas personas que viven en pendientes muy inclinadas no son capaces de mantener riquezas; de la misma manera que las casas en la corona de una montaña, las casas en las pendientes inclinadas no permiten que el Sheng Chi se acumule y estabilice. La energía se precipita por la pendiente, al igual que el dinero por el que tanto trabajaste.

Viviendo en una pendiente moderada

Esto es ideal, ya que, dependiendo de la inclinación, la pendiente puede representar tu tortuga negra, protegiendo y cuidando tus espaldas.

Figura 2.8 Vivienda en una pendiente moderada

Viviendo en las planicies

Actualmente las zonas urbanas son mayormente establecidas en planicies en donde las edificaciones ofrecen bases sólidas y seguras. Se las considera favorables.

Tipos de terrenos y parcelas

Terrenos cuadrados

Para el Feng Shui, una forma cuadrada denota estabilidad sin importar si el objeto es un terreno, una casa o una habitación. El Chi es capaz de fluir libremente sin obstáculos. Idealmente la casa se debe colocar en el centro del terreno.

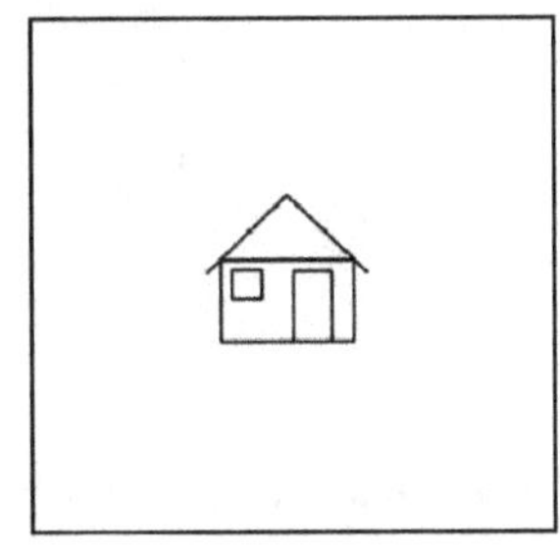

Figura 2.9 Terreno cuadrado

Terrenos rectangulares

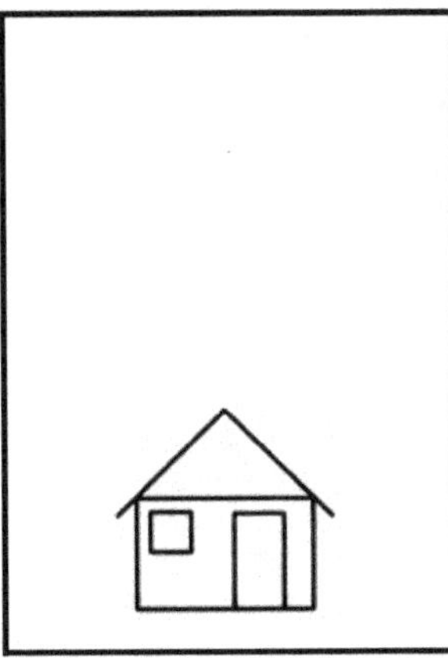

En este ejemplo, en donde la casa está ubicada en el frente del terreno, la riqueza y salud están aseguradas.

Figura 2.10 Terreno rectangular con casa al frente

29

En el caso de terrenos rectangulares con poco jardín trasero (donde el espacio trasero es significativamente menor al delantero), los moradores tendrán dificultad en retener el dinero.

Figura 2.11 Terreno rectangular con casa al fondo

En terrenos trapezoidales

El Chi tiene dificultades al ingresar, por lo que la salud y la estabilidad monetaria tienen problemas para ingresar. No se considera favorable.

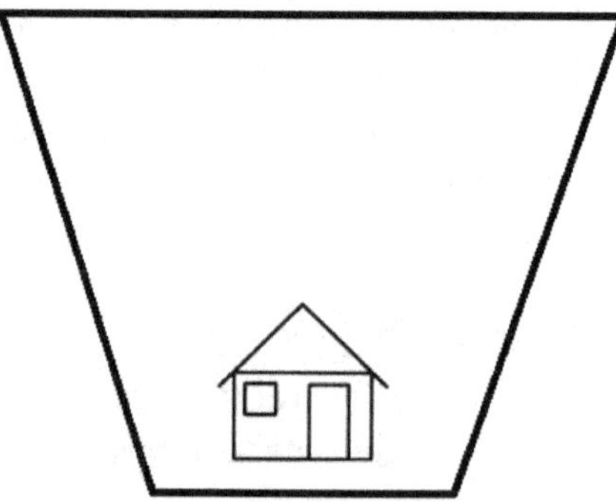

Figura 2.12 Terreno trapezoidal

La solución es plantar vegetación para que los lados sean simétricos, recuerda que el lado del dragón verde debe ser un tanto más alto que el del tigre blanco.

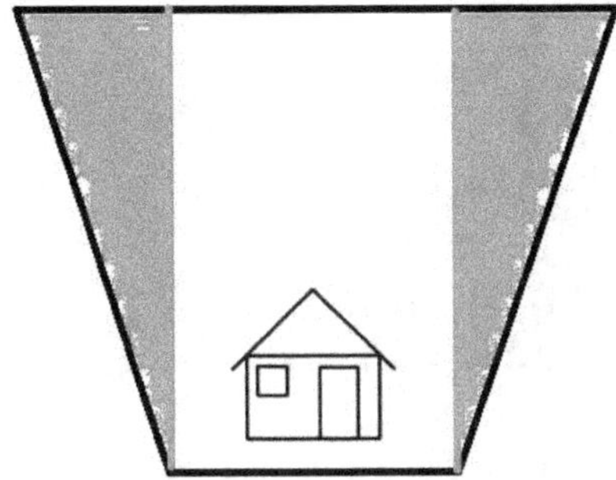

Figura 2.13 Terreno trapezoidal mejorado

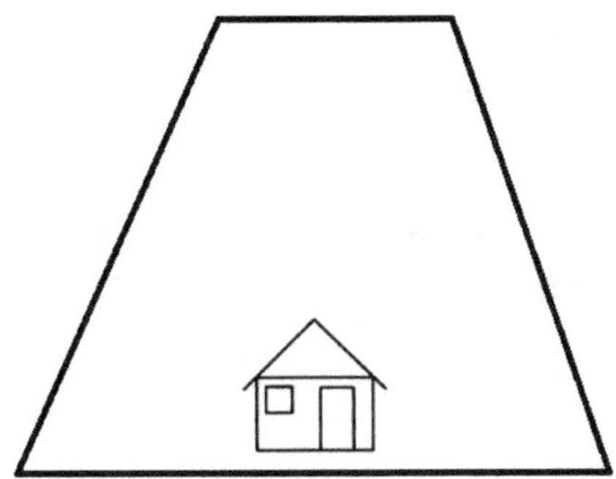

En terrenos con forma de trapecio invertido, el Chi no tiene problemas al entrar, pero es difícilmente retenido. Genera inestabilidad monetaria e inestabilidad en la salud.

Figura 2.14 Terreno en forma de trapecio invertido

La solución es plantar vegetación para que los lados sean simétricos, recuerda que el lado del dragón verde debe ser un tanto más alto que el del tigre blanco.

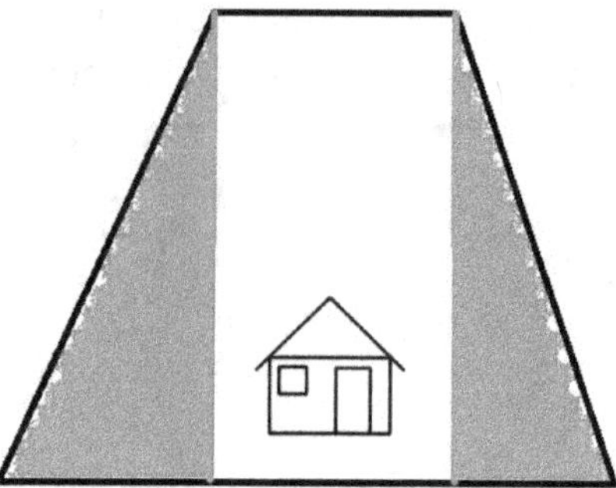

Figura 2.15 Terreno en forma de trapecio invertido mejorado

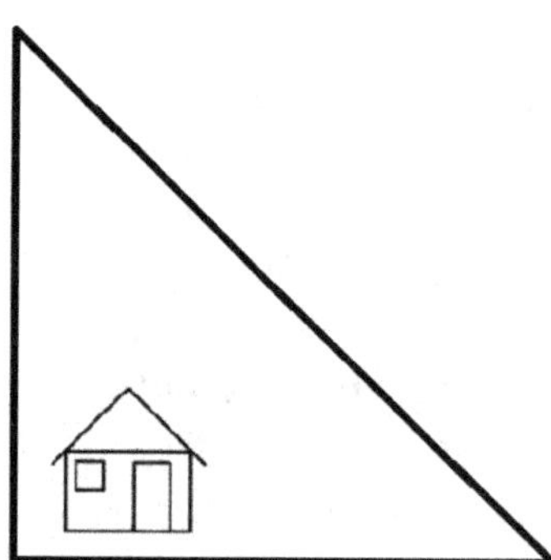

Las formas triangulares son las más desfavorables ya que son muy desorientadoras. Habrá sentimientos de inseguridad relacionados a las relaciones, riqueza y salud.

Figura 2.16 Terreno de forma triangular

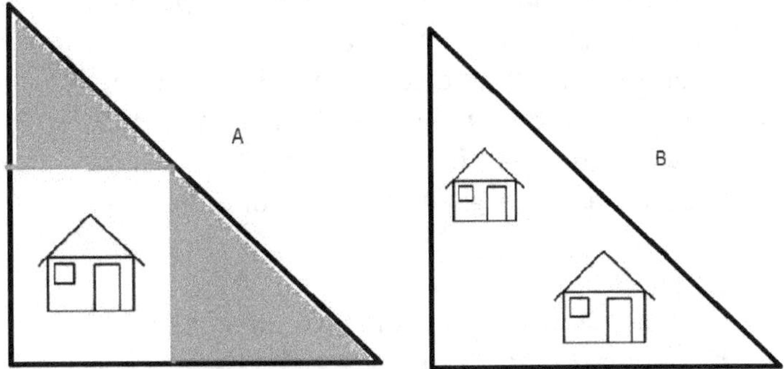

Figuras 2.17A y 2.17B Terrenos en forma de triángulo, mejorados con dos técnicas diferentes

La solución es plantar vegetación para que los lados sean simétricos.

Otra solución es colocar o construir otra estructura de uso común en el terreno, esto ayuda a estabilizar el Chi.

Áreas que deberían ser evitadas y donde no se deben edificar viviendas

Muchos factores creados por el hombre pueden afectar tu bienestar en detrimento de tu salud y sustento, algunos de estos lugares pueden ser muy obvios, pero otros podrían parecer inofensivos.

Debemos evitar: vertederos, botaderos de basura, aeropuertos, líneas férreas, cementerios, fábricas, estaciones de policía, hospitales, centros de velación, cárceles, campamentos militares, estación de bomberos, líneas eléctricas de alta tensión, escuelas y colegios, iglesias y sinagogas.

Las escuelas y colegios podrían parecer inofensivos, pero en realidad, el área está cargada con la alta energía de la juventud. Piense en lo cansado que se ha sentido cuando ha disfrutado de la compañía de sus hijos y de sus amigos de escuela, ahora multiplique esa sensación por 500 y tendrá una idea del efecto de esa energía juvenil desbordada en su vida.

Imagínese el vivir cerca de un hospital o un centro de velación; el Chi generado por estos lugares proviene de traumas físicos y mentales, depresión, lástima, enfermedad y muerte.

Como regla general, mientras más grande sea uno de estos centros, mayor será su efecto; de igual manera ocurrirá con la relación de proximidad, porque mientras más cercano se encuentre, mayor será su efecto.

La forma de las casas

La forma de la casa también influencia en nuestras vidas, recordemos que las formas se asocian a un elemento, así: triángulo es fuego, cuadrado es tierra, ondulado es agua, redondo o cilíndrico es metal y rectangular es madera.

Triángulos

Casas con techos de doble caída y con ángulos agudos.
Los habitantes podrían sentirse desorientados y fuera de control, otros se podrían sentir claustrofóbicos; además, si dos paredes protuberantes se juntan para formar un ángulo, se genera Sha Chi.

Cuadrados

Esta es la forma más beneficiosa: lotes cuadrados, casas cuadradas, habitaciones cuadradas.

Círculos

Esta forma es ideal para lugares donde se practica y se observa la práctica de deportes. El Chi se revuelve en forma de torbellino. Las personas que viven en casas circulares o en forma de domo tienen problemas para concentrase y dormir.

Ondas

Algunas casas modernas y ciertos castillos podrían tener formas onduladas en el techo. Las subidas y bajadas de las ondas serán la causa de una sensación de inestabilidad.

Rectángulos

Es el símbolo de la expansión y el crecimiento de la madera, al igual que el cuadrado, el rectángulo es también una forma auspiciosa.

Al darle una ojeada desde el cielo, ciertas casas podrían tener una forma particular.

Las personas viviendo en el tipo de casa de la figura 2.18 serán conocidas por su amabilidad y felicidad, aunque podrían parecer faltos de fortuna y riqueza, lo más probable es que los habitantes de la misma tengan seguridad financiera.

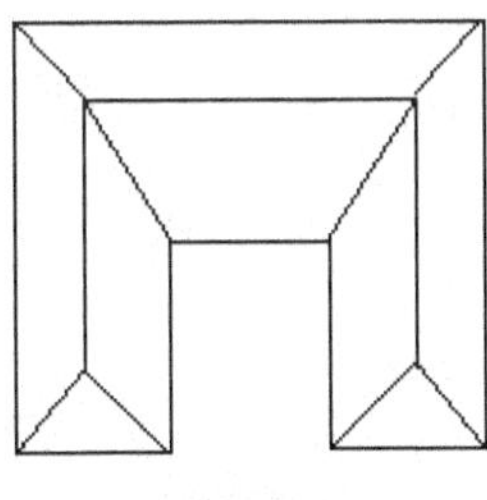

Figura 2.18 Vista aérea de casa con faltante en el frente de la fachada

Las personas que viven en una casa sin la sección central posterior podrían parecer individuos de éxito; sin embargo, podrían estar sujetos a un posible divorcio o perdida financiera y otros infortunios. Los ocupantes se sentirán expuestos porque la parte trasera de la casa no les brinda protección uniforme.

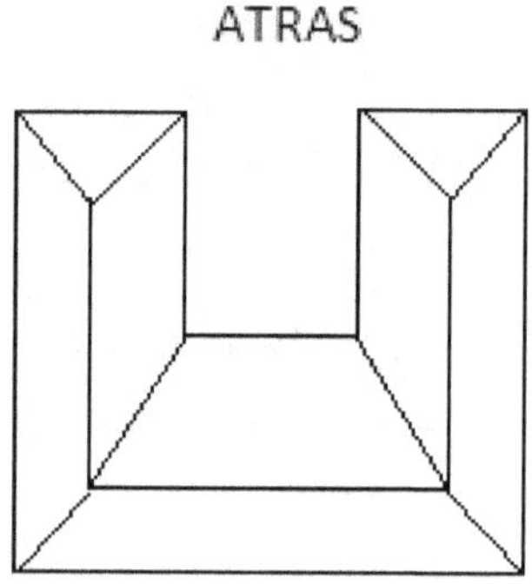

Figura 2.19 Vista aérea de casa con faltante en la zona posterior

La forma de las calles y sus efectos en las casas

Los ríos al portar agua son portadores del Chi, de igual manera, las carreteras y calles son portadoras de Chi; en este caso los vehículos se comparan al agua y la calle al cauce del río, por ello es importante conocer en qué tipo de "río" o calle vives.

Calles rectas

La mayoría de las casas están ubicadas en este tipo de calle y el tráfico regirá las condiciones del Chi. Si el tráfico es intenso todos sus efectos directos y colaterales actuarán sobre ti, la persona se verá expuesta a constante fatiga y posibles enfermedades.

Si la calle es de poco tráfico, no tendrá la presencia de un Chi arrollador.

Sin duda, las casas mejor ubicadas en esta calle serán aquellas que se encuentran en el medio, porque cuentan con la presencia del dragón verde y el tigre blanco.

Figura 2.20 El efecto de las calles rectas en las casas

Casa esquinera

En esta posición se siente un desbalance, aquí se va a tener la ausencia de uno de los protectores, sea bien el tigre blanco o el dragón verde; además, al final de la calle el Chi se dispersa y no está disponible para esta estructura.

Figura 2.21 Casa esquinera y su energía

Calles sin salida

La casa al final de la calle recibe el efecto de un dardo envenenado. El Chi se acelera y entra directamente en la estructura. Nada auspicioso. De igual manera es desfavorable vivir en un departamento o trabajar en una oficina al final del corredor.

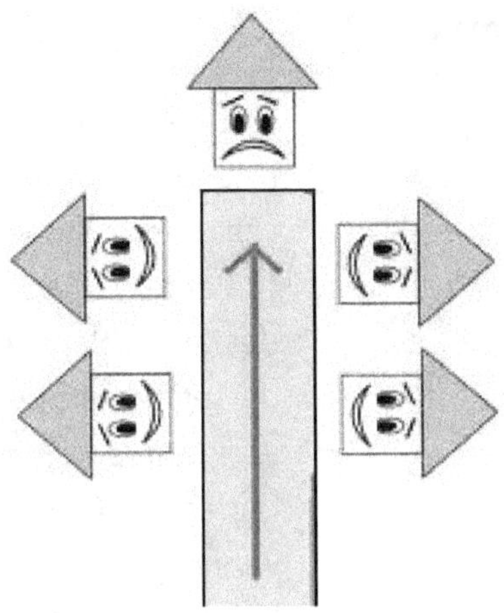

Figura 2.22 Casa en una calle sin salida

Intersección en forma de "T"

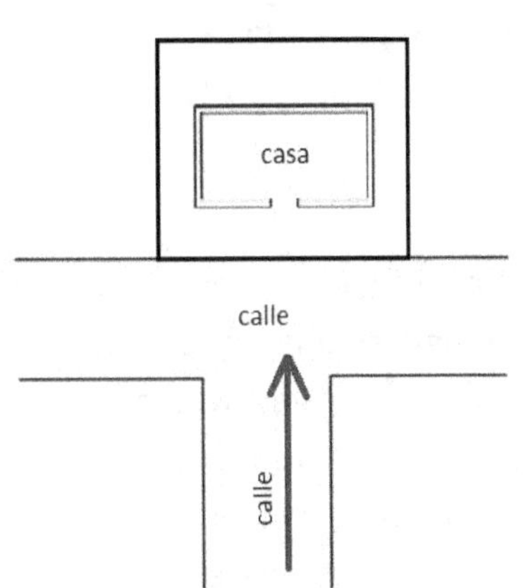

Este es un Chi de dardo o flecha envenenada. La solución aquí es construir una pared fuerte y alta o una cerca alta con arbustos densos para bloquear la llegada del Chi perjudicial. Sin duda, lo mejor es evitar esta condición del todo.

Figura 2.23 Casa en una intersección en forma de "T"

Una intersección en forma de "Y"

Es una situación similar a las dos anteriores, la casa está sujeta a un torrente de Chi desfavorable. Además de estar propensos a accidentes por el impacto físico de los vehículos, los habitantes se sentirán inseguros e indecisos.

Figura   2.24 Casa en una intersección en forma de "Y"

La calle en forma de "cuchara"

Debido a la interpretación expresada por muchos exponentes del Feng Shui, esta es una de las configuraciones que casi siempre presenta una confusión interpretativa. Muchos autores asumen que esta disposición es siempre negativa, pero en realidad, solo lo es cuando el dardo envenenado al final de la calle apunta directamente a la entrada de una vivienda.

Figura   2.25 Casa al final de la calle en "cuchara" o "cul de sac"

Otros exponentes del Feng Shui sugieren que este es un arreglo que hace que el Chi se acelere en torbellino al final de la vía; pero en realidad este tipo de calle siempre tiene poco flujo vehicular y a poca velocidad, por lo que el Chi no podría tener esa característica.

Una manera fácil de solucionar el dardo envenenado, es la de colocar una isla en el centro del círculo al final de la calle; de esa forma se evita el dardo envenenado, se restablece el flujo del Chi y todas las casas al final de la calle se benefician de la apropiada presencia del ave fénix.

Figura 2.26 Casas en calle "cul de sac" mejorada

Curva en forma de "U"

Esta no es una situación típica en zonas urbanas, pero los ocupantes de una casa con estas condiciones se sentirán sofocados y atrapados.

Figura 2.27 Casa en el interior de una curva pronunciada

En el exterior de una curva pronunciada

Esta ubicación presenta la ausencia de Chi, el Chi se "resbala" en el lado externo y no está disponible para la estructura. Se podría vivir en constante ansiedad e inseguridad.

Figura 2.28 Casa en el exterior de una curva pronunciada

Una calle levemente sinuosa

A. La parte interior de una curva abierta es la zona más protegida, facilita que el Chi se acumule y por ello se la considera benevolente y auspiciosa. El Chi circulante trae buena fortuna, salud y éxito en la carrera.

B. Aunque no es muy negativa, sufre un poco de los efectos de que el Chi no esté disponible de su lado, se acumula en la acera opuesta.

Figura 2.29 Casas en una calle levemente sinuosa

Por otro lado, no es propicio vivir al mismo nivel o por debajo de una autopista y no es auspicioso vivir por debajo del nivel de la calle.

La mejor posición para una vivienda es -sin duda- el interior de una curva, en una carretera o calle levemente sinuosa; a continuación y en segundo lugar, una calle de cuchara con una isla en el centro y finalmente, una calle recta y en el medio de la misma, siempre y cuando tenga poco tráfico.

Las formas de las casas y los edificios

Basándonos en su forma, las casas y los edificios pueden clasificarse en concordancia con la teoría de los 5 Elementos. Esta relación la expresamos en la tabla 2.1.

Tabla 2.1 Forma de la casa o edificio, elemento dominante y cualidad a la que propende

Elemento	Forma	Cualidad
Madera	Rectángulo	Crecimiento
Fuego	Triángulo	Dinamismo
Tierra	Cuadrado	Equilibrio
Metal	Círculo	Orden
Agua	Ondulado	Fluidez, Inteligencia

Estos datos son importantes para conocer qué tipo de edificio es favorable para ciertas actividades o personas, de acuerdo con el Ming Gua (número Gua) o idealmente de acuerdo con el estudio Ba Zi de la persona.

De Igual manera, el mismo procedimiento se puede aplicar para los pisos dentro de un edificio; la planta baja que en ciertos países se conoce también como Terreo (Brasil) o Primer Piso (USA), debido a su naturaleza -está localizado a nivel de la tierra- es clasificado como de tierra, a partir de la planta baja se cuentan los pisos ascendentes siguiendo el orden expresado en la tabla de la siguiente página.

Tabla 2.2 El piso de los edificios y el elemento dominante

Piso	Elemento
Planta Baja	Tierra
1	Agua
2	Fuego
3	Madera
4	Metal
5	Tierra
6	Agua
7	Fuego
8	Madera
9	Metal
10	Tierra
11	Agua
12	Fuego
13	Madera
14	Metal
15	Tierra

Como se puede ver en la tabla anterior, los números terminados en 1 y 6 corresponden a pisos de agua, los terminados en 2 y 7 son de fuego, 3 y 8 madera, 4 y 9 metal y finalmente 5 y 0 tierra. A medida que ascendemos hacia pisos más altos los elementos continúan con el mismo patrón. Este sistema proviene de la aplicación del diagrama He Tu.

Tanto la forma de las casas y edificios, así como también el piso en los edificios y sus elementos reinantes, se pueden compaginar con el Gua personal para determinar qué tipo de edificio y qué pisos son favorables para una persona.

Es importante recalcar que las casas familiares son una unidad, sin importar cuantos pisos tengan y el sistema de pisos no se aplica en ellas.

Las formas de las edificaciones y el número del piso representan un elemento, utilizando la teoría del ciclo de los elementos y comparando la reacción de dicho elemento con el elemento del Gua personal, se puede determinar si el tipo de edificio y/o piso son apropiados para una persona. La combinación favorable se establece cuando el elemento del edificio y/o piso genera o refuerza el elemento del Gua personal. Por ejemplo, un edificio de tipo Tierra y los pisos planta baja, 2, 5, 7, 10 y 12 son auspiciosos como vivienda para las personas cuyo Gua personal es 2 y 8 -ambos Gua de Tierra- porque el Fuego genera Tierra y la Tierra refuerza la Tierra; sin embargo, la interpretación ideal se hace a través del estudio del sistema Ba Zi del consultante.

Tabla 2.3 El elemento dominante, dependiendo de la forma del edificio y el piso; y el Ming Gua para el que la energía es favorable o desfavorable

Forma de Edificio y Elemento del Piso	Favorable para Ming Gua	Desfavorable para Ming Gua
Tierra	6,7,8 y 2	1
Agua	3,4 y 1	9
Fuego	9,2 y 8	6 y 7
Madera	9,3 y 4	2 y 8
Metal	1,6 y 7	3 y 4

Cálculo del Gua

Para el cálculo de Gua se utiliza el año del nacimiento y el género de la persona. Hay que recordar que el inicio del año nuevo solar chino acontece cerca del cuatro de febrero, por lo que si la persona nació el 3 de febrero o antes se debe utilizar el año anterior.

Si una persona nació el 12 de diciembre de 1963, utilizará 1963.

Si una persona nació el 3 de febrero de 1963, utilizará 1962.

Si una persona nació el 6 de febrero de 1963, utilizará 1963.

Las personas nacidas en los días 4 y 5 de febrero son un caso especial, las dos fechas se encuentran tan cercanas a la línea que divide el nuevo año solar, que para precisar la correspondencia del año de nacimiento es mejor referirnos a la tabla 4.1 (página 67).

Fórmula del Ming Gua para el hombre.

Los dígitos del número del año se suman hasta reducirlos a un solo dígito y así obtener el número anual.

Ej. Un hombre nacido en 1968.

1+9+6+8 = 24; 2+4 = 6. El número del año para un hombre nacido en 1968 es 6.

El número del año se resta de una constante de 11 para obtener el Gua.

11 − 6 = 5. En este caso -que es la única excepción- si el cálculo del Gua para un hombre arroja 5, se debe utilizar el número 2.

Este hombre pertenece al Gua 2.

Fórmula del Ming Gua para la mujer.

Ej. Una mujer nacida en 1970.

1+9+7+0 = 17; 1+7 = 8. El Número del año para una mujer nacida en 1970 es 8.

El número del año se suma a una constante de 4

8+4 = 12; 1+2 = 3.

Esta mujer pertenece al Gua 3.

En el caso que el cálculo del Gua para una mujer diera 5, se debe utilizar el número 8 (Tierra pequeña o suave).

Para el hombre del ejemplo los edificios tipo Tierra y Fuego le son favorables, así como los pisos planta baja 2, 5, 7, 10, 12, 15, etc.

Para la mujer del ejemplo los edificios de tipo agua y madera le son favorables, así como los pisos 1, 3, 6, 8, 11, 13, 16, etc. Cabe recalcar que antes de aplicar algún tipo de ubicación, lo primero es respetar la armonía de la forma, luego la ubicación y por último la dirección; por lo que, antes de ir en busca de un departamento o casa, debemos estudiar las direcciones y ubicaciones apropiadas dentro de las casas, así como también la orientación de las casas y sus tipos.

Por otro lado, solo una lectura del sistema Ba Zi o Cuatro Pilares sintonizará las direcciones y elementos apropiados de una forma 100% fidedigna, a pesar de que el Gua personal es utilizado en el Feng Shui Clásico, el sistema Ba Zi siempre tendrá la última palabra.

Si tienes alguna duda en cuanto al cálculo del Gua, no te preocupes, la tabla 4.1 (página 67) es una guía completa sobre este tema.

CAPÍTULO III
Evaluando los ambientes internos de la vivienda

La puerta de entrada de la casa o la boca del Chi

Una vez encontrado un lugar apropiado -lugar con Chi disponible y propicio- para ubicar la casa u oficina, las mismas deben tener características que permitan recibir el Chi y que el flujo del mismo sea armonioso dentro de la edificación.

Figura 3.1 La puerta de entrada de la casa o la boca del Chi

La puerta principal o entrada de una edificación es el lugar por donde mayormente ingresa el Chi, dicha entrada debe ser proporcional a la edificación. Ni muy grande, ni muy pequeña en relación al tamaño de la casa. No debe tener obstáculos -tales como postes y árboles- al frente de la misma, más aun cuando dividan la entrada en dos. Mientras más cerca se encuentre el obstáculo, mayor será el efecto. En caso de existir un recibidor el mismo no debe ser estrecho, ni estar abarrotado o sobrecargado.

Figura 3.2 Puerta de entrada con excelente resolución

La puerta principal no debe estar expuesta a estructuras con dardos envenenados conocidos como Sha Chi (Chi Hiriente). Los dardos envenenados son objetos o estructuras puntiagudas o afiladas que apuntan hacia nuestra posición, generando energía que nos lastima. La senda de acceso a la puerta principal debe tener una forma sinuosa o gentilmente ondulada. Nunca en forma de línea recta. La entrada y la casa deben estar a unos pocos escalones sobre la calle, lo que les brindará seguridad a sus ocupantes.

La puerta principal no debe estar por debajo del nivel de la calle, de otra forma los ocupantes se sentirán atrapados.

La entrada no debe estar posicionada enfrentando una escalera porque el Chi tiende a escapar de regreso, esto significa que el potencial de adquirir riqueza se fuga por la puerta.

La puerta principal no debe enfrentar una puerta trasera, ya que literalmente, el Chi entra por una puerta y sale por la otra, lo mismo ocurre si la puerta principal está alineada con una ventana o ventanal.

No debe existir un baño en el piso superior justo por encima de la puerta de entrada.

La posición de la cama y el escritorio, consideraciones de la forma en los interiores

Dentro de poco veremos cómo se determinan las mejores direcciones para dormir y para el trabajo, pero hasta tanto, revisaremos qué otros factores contribuyen a la calidad de nuestro sueño, trabajo y estudio.

Por regla general en el Feng Shui, para la cama:

1. El pie de la cama no debe estar apuntando hacia una puerta. El flujo de Chi interrumpirá el descanso.
2. Por las mismas razones, la cabecera de la cama no debe estar apoyada contra una pared que a su vez tenga una puerta en su estructura.

3. La cabecera de la cama no debe estar apoyada ni posicionada por debajo de una ventana. La inseguridad de esta posición no ayuda a tener un sueño reposado.

4. La cama no debe estar posicionada entre una puerta y una ventana o entre la combinación de cualquiera de estos dos elementos.

5. La cabecera de la cama no debe tener acceso inmediato desde ninguna puerta.

6. La cabecera de la cama no debe estar apoyada contra el ángulo de una esquina. El dardo envenenado de la unión de las paredes puede generar demasiados efectos negativos.

7. No se debería dormir debajo de vigas decorativas o estructurales ubicadas en el techo de la habitación. Las vigas causan que el Chi se desestabilice y generan presión, impactando el sueño y la salud.

8. La cama no debe estar ubicada por debajo de una habitación de baño en el piso superior. Específicamente nunca por debajo de un inodoro en el piso superior.

9. La puerta del baño no debe abrirse hacia la cama, la peor posición es cuando la puerta de baño se abre hacia la cabecera de la cama.

10. La cama no debe estar ubicada por encima de los fuegos o quemadores de la cocina en el piso inferior.

11. Otro impacto perjudicial ocurre cuando la cabecera de nuestra cama se apoya en una pared contigua a un cuarto de baño.

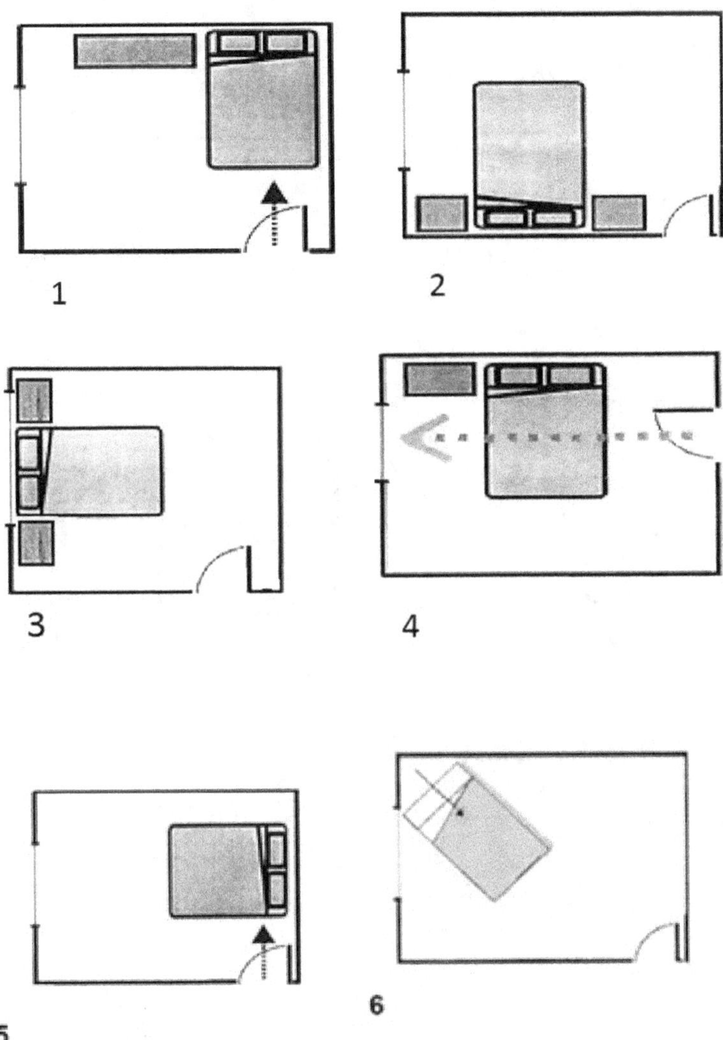

Figura 3.3 Reglas generales del Feng Sui para el posicionamiento de la cama en la habitación

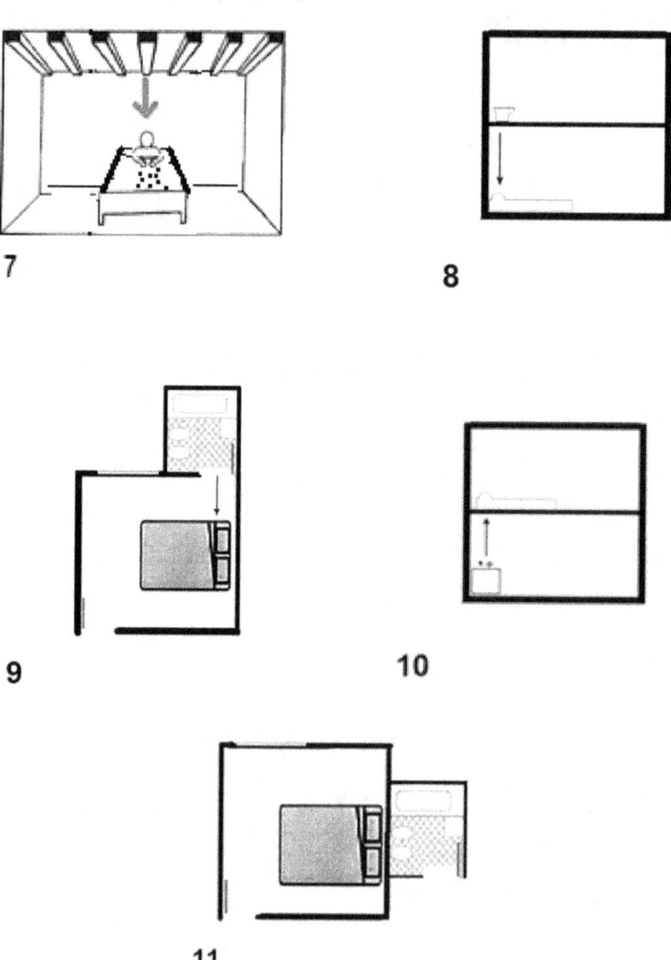

Figura 3.3 Reglas generales del Feng Sui para el posicionamiento de la cama en la habitación

Lo correcto es que:

1. La pared de apoyo de la cabecera de la cama debe estar libre de objetos pesados, especialmente por encima de la cabecera.
2. La cama debe ser accesible por los dos lados.
3. Debe estar lo suficientemente alejada de las ventanas como para no recibir el impacto directo del Chi al ingresar por las mismas.
4. En lo posible, la cama debe estar en posición diagonal a las puertas y ventanas.

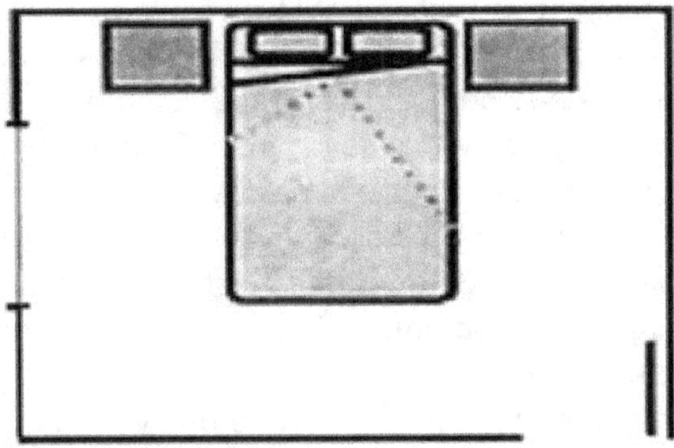

Figura 3.4 La resolución correcta en una habitación

En la habitación evite que:

1. Existan objetos puntiagudos o afilados apuntando hacia la cama ("dardos envenenados")
2. Existan objetos pesados sobre el respaldar de la cabecera.

3. Que la lámpara o luminarias del techo sean pesadas y/o de formas voluminosas e hirientes, especialmente si están sobre la cama.
4. Tener espejos en la habitación, inclusive el de la peinadora, los mismos deben estar localizados bien en el baño o en el vestidor.
5. La decoración y los complementos de la alcoba (lámparas, cuadros, mesitas de noche, etc.) deben estar en pares, especialmente si la habitación pertenece a una pareja o matrimonio.

Por regla general en el Feng Shui, para el escritorio:
1. Mientras se está sentado en el escritorio no se debe dar la espalda a la puerta de entrada. Es importante saber quién ingresa y de mayor importancia que tu espalda esté protegida por una pared.
2. El escritorio no debe estar apoyado en la misma pared que la puerta de entrada. Si este es el caso, el Chi fluye directamente hacia ti, causando desconcentración.
3. Tu espalda no debe estar expuesta a una ventana, se necesita el respaldo y el apoyo de una pared a tus espaldas.
4. El escritorio no debe estar posicionado entre una puerta y una ventana o entre la combinación de cualquiera de estos dos elementos.
5. El escritorio no debe estar apoyado contra el ángulo de una esquina. El dardo envenenado de la unión de las paredes generará demasiados efectos negativos.

6. El escritorio no debe estar debajo de vigas decorativas o estructurales ubicadas en el techo de la habitación. Las vigas causan que el Chi se desestabilice y generan presión impactando tu desempeño.

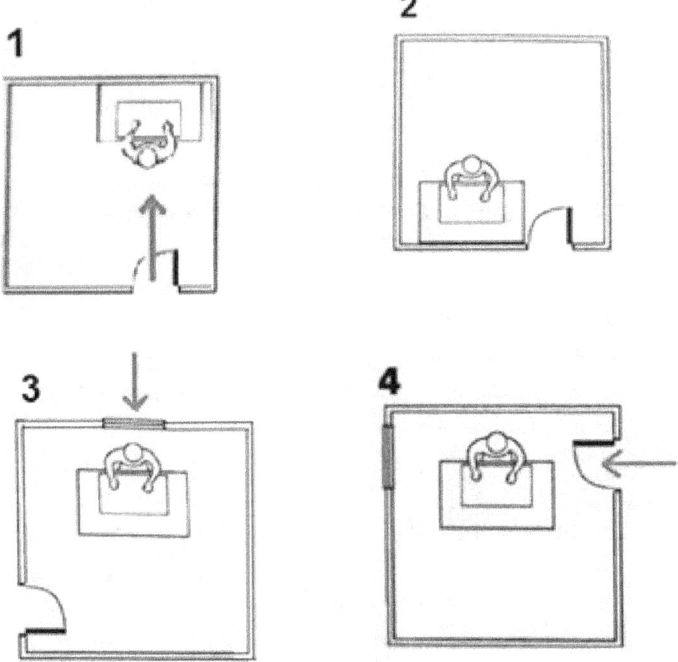

Figura 3.5 **Reglas generales del Feng Sui para el posicionamiento del escritorio en la oficina**

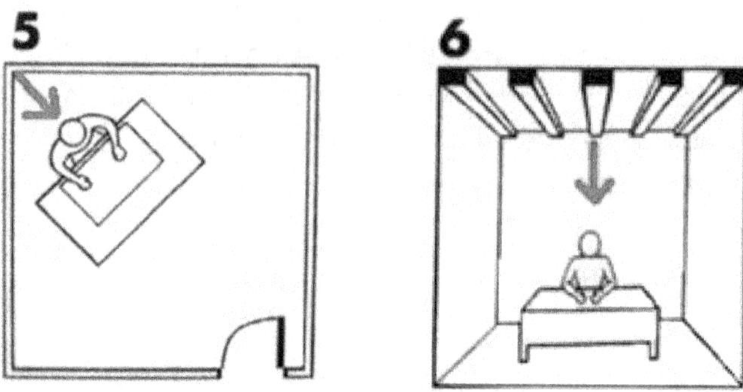

Figura 3.5 Reglas generales del Feng Sui para el posicionamiento del escritorio en la oficina

Lo correcto es que:

1. La pared de apoyo -protegiendo tu espalda- debe estar a una distancia que te haga sentir cómodo mientras descansas en el respaldar de tu asiento.
2. La pared que da apoyo a tu espalda debe estar libre de objetos pesados, especialmente por encima de tu cabeza.
3. El escritorio debe estar lo suficientemente alejado de las ventanas como para no recibir el impacto directo del Chi al ingresar por las mismas.
4. En lo posible, el escritorio debe estar en posición diagonal a puertas y ventanas.

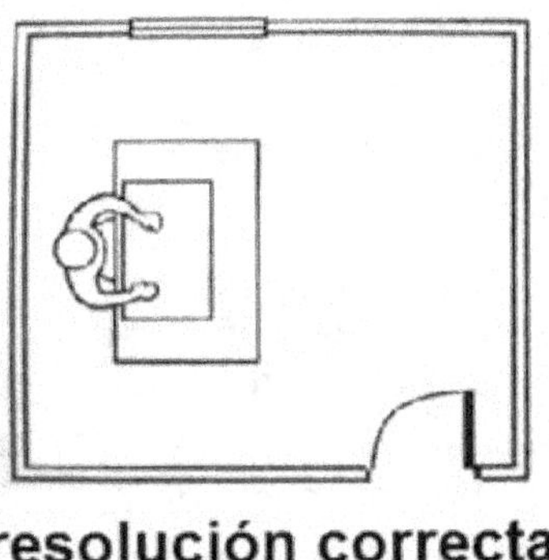

Figura 3.6 Resolución correcta del escritorio

Por regla general en el Feng Shui, para la cocina:

1. La cocina no debe estar ubicada en el centro de gravedad de la casa (centro de la casa o palacio central). La cocina también debe evitar el sector o palacio del noroeste; el palacio noroeste contiene las "puertas del cielo" y la cocina en este sector nos trae la condición "fuego en las puertas del cielo" por lo que la casa y sus habitantes no podrán tener ni paz ni sosiego.

2. Los quemadores de la cocina no deben estar ubicados en el centro de la cocina; es decir, no deben estar en el centro de gravedad de la habitación donde se encuentra la cocina.

3. Los quemadores o fuegos de la cocina no deben estar ubicados por debajo de un dormitorio y menos aún cuando los quemadores están ubicados justo por debajo de la cama.

4. Debido a que los elementos fuego y agua están siempre presentes en la cocina, hay que disminuir la sobrecarga de estos elementos en la misma, esto también se aplica a los colores y a las formas que los representan.

5. Hay que cuidar el balance del fuego y agua; los quemadores y el microondas representan el fuego; y, el fregadero, lavaplatos y nevera representan el agua. Debe haber una distancia de al menos 60 cm entre un elemento de fuego y uno de agua.

6. Los fuegos o quemadores deben tener las mismas consideraciones de posición que la cama o el escritorio en cuanto a puertas, ventanas y paredes.

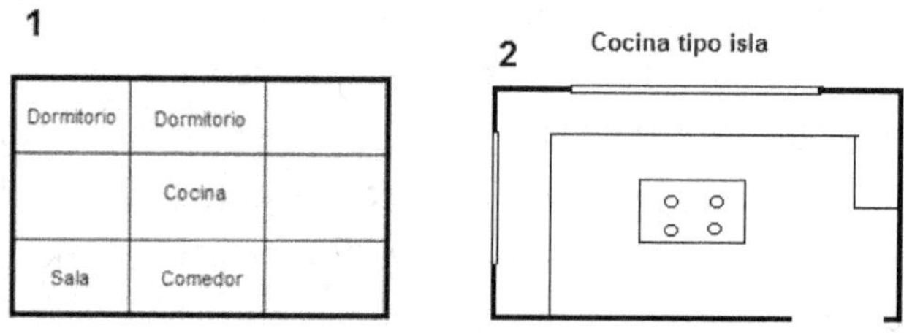

Figura 3.7 Reglas generales para la distribución y disposición de la cocina

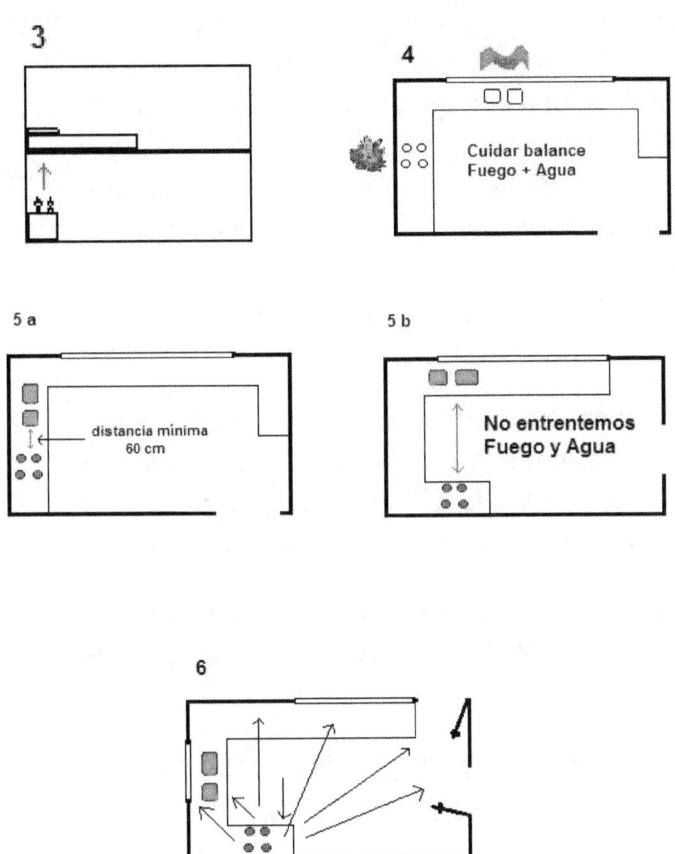

Figura 3.7 Reglas generales para la distribución y disposición de la cocina

Por regla general en el Feng Shui, para las escaleras:

1. No deben estar en el centro de la casa.
2. No deben estar enfrentadas a la puerta de entrada.
3. No deben pasar por encima de la puerta de entrada.
4. Hay que cuidar el diseño de la escalera. Las formas redondeadas y suaves son mejores que las rectas e inclinadas.

En el resto de las habitaciones:

Se debe propender a buscar un balance del Yin y el Yang; es decir, tener un balance entre lo claro y oscuro, entre lo cálido y frío, entre lo cuadrado y lo redondo, etc. Recordemos que a cada habitación le queremos dar una personalidad correcta.

Los muebles -tanto en número como en tamaño- deben ser acordes al tamaño de las habitaciones. El arreglo debe permitir la circulación fácil.

Los sofás deben estar mayormente descansando contra la pared.

Los respaldares de sofás y sillas no deben dar hacia puertas, especialmente hacia la puerta de entrada.

Los objetos decorativos deben estar balanceados.

Para nuestro entorno en general:

Nuestra casa debe estar limpia y ordenada. La limpieza y pulcritud nos libera y ayuda a que el Chi fluya con mayor facilidad. Una habitación limpia se siente "más liviana".

La misma sensación que tenemos después de haber tomado una ducha es la que tenemos después de haber limpiado nuestra casa. No debemos tener objetos amontonados en ningún sector de la casa.

Direcciones para el descanso y trabajo

La mejor dirección para colocar la cabecera de nuestra cama y el frente de nuestro escritorio.

Nuestra mejor dirección para dormir y trabajar solo debe utilizarse con apego estricto al conocimiento de la forma (Luantau Pai), solo cuando la forma de nuestro entorno en el dormitorio y oficina es armónica, es cuando -de ser posible- podríamos utilizar una dirección favorable. Aplicar las direcciones favorables desobedeciendo la forma (Luantau Pai) no representa ningún beneficio y hasta podría ser contraproducente.

Las mejores ubicaciones y direcciones para la cama y el escritorio están determinadas por el Ming Gua o simplemente Gua, de la misma manera, el Gua determina el carácter y la forma en la que nos relacionamos con otras personas. Sin embargo, solo un análisis profundo de los Cuatro Pilares (Ba Zi) determinará la individualidad de las direcciones y energías favorables; así como también la naturaleza de las relaciones interpersonales.

CAPÍTULO IV
Cálculo y uso del Ming Gua o Gua

Cálculo del Gua

Para el cálculo del Gua se utiliza el año del nacimiento y el género de la persona. Hay que recordar que el inicio del año nuevo solar chino acontece cerca del cuatro de febrero, por lo que si la persona nació el 3 de febrero o antes se debe utilizar el año anterior.

Si una persona nació el 12 de diciembre de 1962, utilizará 1962.

Si una persona nació el 3 de febrero de 1963, utilizará 1962.

Si una persona nació el 6 de febrero de 1963, utilizará 1963.

Las personas nacidas en los días 4 y 5 de febrero son un caso especial, las dos fechas se encuentran tan cercanas a la línea que divide el nuevo año solar, que para precisar la correspondencia del año de nacimiento es mejor referirnos a la tabla 4.1 (página 67).

Fórmula del Ming Gua para el hombre.

Los dígitos del número del año se suman hasta reducirlos a un solo dígito y así obtener el número anual.

Ej. Un hombre nacido en 1968.

1+9+6+8 = 24; 2+4 = 6. El número anual para un hombre nacido en 1968 es 6.

El número anual se resta de una constante de 11 para obtener el Gua.

11 − 6 = 5. En este caso -que es la única excepción- si el cálculo del Gua para un hombre arroja 5, se debe utilizar el

número 2 (Tierra Grande o Dura). Este hombre pertenece al Gua 2.

Fórmula del Ming Gua para la mujer.

Ej. Una mujer nacida en 1970.

1+9+7+0 = 17; 1+7 = 8. El número anual para una mujer nacida en 1970 es 8.

El número anual se suma a una constante de 4 para obtener el Gua.

8+4 = 12; 1+2 = 3.

Esta mujer pertenece al Gua 3.

En el caso que el cálculo del Gua para una mujer diera 5, se debe utilizar el número 8 (Tierra pequeña o suave).

Tabla 4.1 Número de Ming Gua dependiendo del año de nacimiento y género

Año	Comienzo	Gua masculino	Gua Femenino
1924	Feb 5 / 9:50 am	4	2
1925	Feb 4 / 3:37 pm	3	3
1926	Feb 4 / 9:39 am	2	4
1927	Feb 5 / 3:31 am	1	8
1928	Feb 5 / 9:17 am	9	6
1929	Feb 4 / 3:09 pm	8	7
1930	Feb 4 / 8:52 pm	7	8
1931	Feb 5 / 2:41 am	6	9
1932	Feb 5 / 8:30 am	2	1
1933	Feb 4 / 2:10 pm	4	2
1934	Feb 4 / 8:04 pm	3	3

Año	Comienzo	Gua masculino	Gua Femenino
1935	Feb 5 / 1:49 am	2	4
1936	Feb 5 / 7:30 am	1	8
1937	Feb 4 / 1:26 pm	9	6
1938	Feb 4 / 7:15 pm	8	7
1939	Feb 5 / 1:11 am	7	8
1940	Feb 5 / 7:08 am	6	9
1941	Feb 4 / 12:50 pm	2	1
1942	Feb 4 / 6:49 pm	4	2
1943	Feb 5 / 12:41 am	3	3
1944	Feb 5 / 6:23 am	2	4
1945	Feb 4 / 12:20 pm	1	8
1946	Feb 4 / 6:05 pm	9	6
1947	Feb 4 / 11:55 pm	8	7
1948	Feb 5 / 5:43 am	7	8
1949	Feb 4 / 11:23 am	6	9
1950	Feb 4 / 5:21 pm	2	1
1951	Feb 4 / 11:14 pm	4	2
1952	Feb 5 / 4:54 am	3	3
1953	Feb 4 / 10:46 am	2	4
1954	Feb 4 / 4:31 pm	1	8
1955	Feb 4 / 10:18 pm	9	6
1956	Feb 5 / 4:13 am	8	7
1957	Feb 4 / 9:55 am	7	8
1958	Feb 4 / 3:50 pm	6	9
1959	Feb 4 / 9:43 pm	2	1
1960	Feb 5 / 3:23 am	4	2

Año	Comienzo	Gua masculino	Gua Femenino
1961	Feb 4 / 9:23 am	3	3
1962	Feb 4 / 3:18 pm	2	4
1963	Feb 4 / 9:08 pm	1	8
1964	Feb 5 / 3:05 am	9	6
1965	Feb 4 / 8:46 am	8	7
1966	Feb 4 / 2:38 pm	7	8
1967	Feb 4 / 8:31 pm	6	9
1968	Feb 5 / 2:08 am	2	1
1969	Feb 4 / 7:59 am	4	3
1970	Feb 4 / 1:46 pm	3	3
1971	Feb 4 / 7:26 pm	2	4
1972	Feb 5 / 1:20 am	1	8
1973	Feb 4 /7:04 am	9	6
1974	Feb 4 / 1:00 pm	8	7
1975	Feb 4 / 6:59 pm	7	8
1976	Feb 5 / 12:40 am	6	9
1977	Feb 4 / 6:34 am	2	1
1978	Feb 4 / 12:27 pm	4	2
1979	Feb 4 / 6:13 pm	3	3
1980	Feb 5 / 12:10 am	2	4
1981	Feb 4 / 5:56 am	1	8
1982	Feb 4 / 11:46 am	9	6
1983	Feb 4 / 5:40 pm	8	7
1984	Feb 4 / 11:19 pm	7	8
1985	Feb 4 / 5:12 am	6	9
1986	Feb 4 / 11:09 am	2	1

Año	Comienzo	Gua masculino	Gua Femenino
1987	Feb 4 / 4:52 pm	4	2
1988	Feb 4 / 10:43 pm	3	3
1989	Feb 4 / 4:27 am	2	4
1990	Feb 4 / 10:15 am	1	8
1991	Feb 4 / 4:08 pm	9	6
1992	Feb 4 / 9:48 pm	8	7
1993	Feb 4 / 3:38 am	7	8
1994	Feb 4 / 9:31 am	6	9
1995	Feb 4 / 3:14 pm	2	1
1996	Feb 4 / 9:08 pm	4	2
1997	Feb 4 / 3:04 am	3	3
1998	Feb 4 / 8:53 am	2	4
1999	Feb 4 / 2:42 pm	1	8
2000	Feb 4 / 8:32 pm	9	6
2001	Feb 4 / 2:20 am	8	7
2002	Feb 4 / 8:08 am	7	8
2003	Feb 4 / 1:57 pm	6	9
2004	Feb 4 / 7:46 pm	2	1
2005	Feb 4 / 1:34 am	4	2
2006	Feb 4 / 7:25 am	3	3
2007	Feb 4 / 1:14 pm	2	4
2008	Feb 4 / 7:03 pm	1	8
2009	Feb 4 / 12:52 am	9	6
2010	Feb 4 / 6:42 am	8	7
2011	Feb 4 / 12:32 pm	7	8
2012	Feb 4 / 6:40 pm	6	9

Año	Comienzo	Gua masculino	Gua Femenino
2013	Feb 4 / 12:24 am	2	1
2014	Feb 4 / 6:21 am	4	2
2015	Feb 4 / 12:09 pm	3	3
2016	Feb 4 / 6:00 pm	2	4
2017	Feb 3 / 11:49 pm	1	8
2018	Feb 4 / 5:38 am	9	6
2019	Feb 4 / 11:28 am	8	7
2020	Feb 4 / 5:18 pm	7	8
2021	Feb 3 / 11:08 pm	6	9
2022	Feb 4 / 4:58 am	2	1
2023	Feb 4 / 10:47 am	4	2

Utilizando el Gua

Proveniente del estudio del Lo Shu y del Ba Gua, se genera el siguiente cuadro.

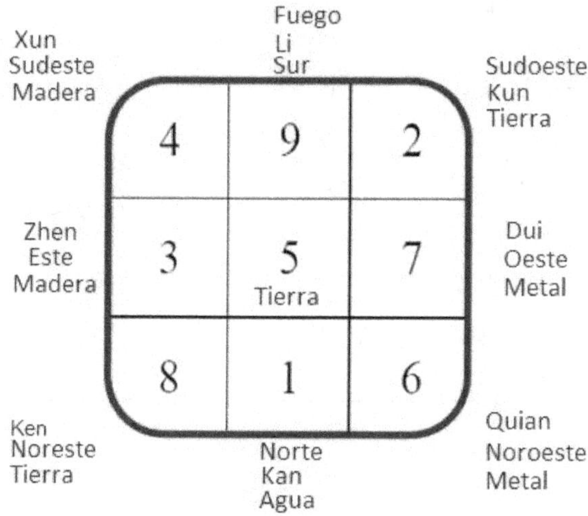

Figura 4.1 El cuadrado mágico o Lo Shu.

Cada número del subcuadrante representa un Gua personal, esto correlaciona al Gua con el elemento y las características del Trigrama que se localizan en la misma dirección, por lo tanto, el Gua también compartirá las características del elemento de su sector.

Gua personal 1. Kan - Agua

Son personas flexibles y adaptables a los cambios de vida generados por factores externos. Son excelentes comunicadores y trabajadores en equipo, especialmente si son la vía de comunicación en el mismo. Les encantan los viajes y paseos; son personas de apariencia tranquila pero interiormente son muy sentimentales. Buenos líderes y diplomáticos. Son encantadores, valientes, persistentes, confiables y de mente abierta. Pueden ser pensadores muy profundos, esto los puede llevar a la tristeza y hasta la depresión.

Gua personal 2. Kun - Tierra Yang (dura)

Generalmente tradicionalistas y conservadores, son personas estables que piensan mucho antes de tomar una decisión final, especialmente si esta desembocará en un cambio fundamental e importante. Son muy leales y hasta altruistas. Este tipo de tierra es dura como la roca de la montaña, por lo que con facilidad pueden caer en la necedad y obstinación. Al igual que una montaña, pueden llegar a ser inamovibles en sus decisiones. Su obstinación puede ser su mayor enemigo, deben mentalizarse en que otras formas de pensamiento también son aceptables y que otras personas también pueden tener la razón. Pueden llegar a ser tu mejor amigo o tu peor enemigo.

Gua Personal 3. Zhen - Madera Yang (dura)

Son personas determinadas, valientes y persistentes que podrían llegar a ser dominantes, especialmente con las personas del Gua de Tierra. Las personas de Gua 3 viven la vida a plenitud, son exuberantes y buenos confidentes. Les encanta hacer notar su presencia y palabra, por lo que son buenos oradores y actores. Este tipo de madera es dura como el Roble y por ello sobresalen de la multitud. Algunas personas se podrían ver protegidas bajo su sombra mientras que otras se sentirán abrumadas y hasta molestas con su presencia. Generalmente tienen muchas amistades e intereses, se aburren con facilidad por lo que podrían tener varias carreras a lo largo de sus vidas. Las personas de Gua 3 son mayormente impulsivas y obstinadas, aunque con un buen sentido del humor.

Gua Personal 4. Xun - Madera Yin (suave)

Son mucho más comprensivos que las personas del Gua 3 y por ende mucho más flexibles y gentiles, podrían llegar a ser dubitativos. Saben juzgar apropiadamente cuando deben retirarse de las situaciones o de personas problemáticas. De apariencia romántica y sociable, son buenos comunicadores. Poseen una mente académica, siempre dispuestos a absorber nuevos conocimientos y a aprender cosas nuevas. Al igual que los Guas 3, tienen muchos intereses y muchos amigos. Son independientes y emprendedores. Pueden ser muy emocionales y a menudo tergiversan e interpretan las reglas y normas para satisfacer sus necesidades.

Gua Personal 5. Sin Trigrama

Estas personas migran hacia el Noreste si son varones (Ken - Tierra 8) y al Suroeste si son mujeres (Kun -Tierra 2), debido a que inicialmente estaban en el centro pueden mostrar características de otros Guas, especialmente y por ser del mismo elemento, las de los Gua de Tierra 2 y 8.

Gua Personal 6. Quian - Metal Yang (duro)

Podrían parecer ser rígidos y duros como el acero cuando realmente son calmados e introspectivos. Son buenos líderes y por ende malos seguidores. Es mejor no discutir con ellos porque son cabeciduras y obstinados. Al ser de naturaleza dura son estrictos y aferrados a la disciplina, crean las reglas y se aferran a las mismas. Pueden ser incomprensivos y por ello podrían tener dificultades para entablar relaciones llevaderas. Cuando se enfocan en un objetivo pueden llegar al perfeccionismo para obtenerlo. Muy enfocados y orgullosos.

Sus asuntos personales nunca serán ventilados en público y no harán algo que podría empañar su impecable reputación. Desafortunadamente los extremos de su personalidad les pueden causar soledad y depresión. Deben aprender a no tomarse todas las cosas tan en serio y a ser un poco más relajados.

Gua Personal 7. Dui - Metal Yin (suave)

Son aparentemente delicados, deslumbrantes y de buenas maneras, su comportamiento puede ser engañoso porque interiormente son bastante severos y austeros. Son muy vivaces y con tanta intensidad que resulta reconfortante estar en su presencia. Son generalmente apuestos y agradables. En su lado negativo tienen tendencia a ser egocentristas y esnobistas. Son buenos oradores y su mensaje es llevado eficiente y efectivamente, a veces se dejan llevar por su gusto por las discusiones verbales en las que exponen argumentos claros y difíciles de refutar. Sus palabras pueden ser un arma de doble filo, palabras que pueden ser aliviadoras e hirientes a la vez. Las personas del Gua 7 son muy astutas y ya que tienden a ser muy reservados, es muy difícil llegar a conocerlos en profundidad. Debido a que las cosas no se les dan de manera fácil, su vida se torna en un reto personal.

Gua Personal 8. Gen - Tierra Yin (suave)

Estas personas son como el suelo fértil, nutriéndose a sí mismos y nutriendo a quienes los rodean, son prácticos, confiables, nobles y colaboradores. Las personas Gua 8 son compatibles con la mayoría de las personas, son gente de acción y son realizadores más que pensadores. Son firmes en sus convicciones y muy educados; debido a que su ego no se interpone pueden ser seguidores o líderes sin ningún problema. Excelentes administradores del dinero y ya que la Tierra produce Metal (dinero), la gente del Gua 8 puede acumular riquezas mejor que los pertenecientes a otros guas. En su lado negativo, tienden a ser súper sensitivos y a interiorizar todos sus sentimientos, deben aprender a expresar y exteriorizar sus emociones de una mejor manera.

Gua Personal 9. Li - Fuego

Estas personas son cariñosas, afectivas y muy energéticas. Son gente realmente feliz. Su modus operandi es la espontaneidad, son muy apasionados y de todos los Guas, son los más espirituales e iluminados; de hecho, su búsqueda por la verdad y el significado de la vida inspirará a otros a hacer lo mismo. Son pensadores muy rápidos y pueden entender conceptos difíciles con pasmosa rapidez. Son muy inteligentes pero impacientes con quienes no están a su altura intelectual. La gente del Gua 9 tiende a buscar fama y respeto, lo que los puede volver vanidosos. En su lado negativo, pueden llegar a ser demasiado temperamentales por lo que necesitan controlar sus emociones antes de que se salgan de control.

Tabla 4.2 Compatibilidad entre los diferentes tipos de Gua

	TIERRA	METAL	AGUA	MADERA	FUEGO
TIERRA	Relaciones fáciles y llevaderas	Compatibles, buenos amigos y camaradas. Se apoyan mutuamente	Las personas tierra trataran de controlar a los agua, lo que puede ser sofocante para los gua de agua. No hacen buenos amigos	A los tierra no les gusta ser dominados, menos aún por la madera. Es mejor mantenerse alejados o practicar mucha tolerancia	Los fuego animaran y comprenderán el verdadero espíritu de los tierra.

	TIERRA	METAL	AGUA	MADERA	FUEGO
METAL	Compatibles, buenos amigos y camaradas Se apoyan mutuamente	Fuertes y determinados se defenderán mutuamente	Los agua ayudaran a los metal a asumir posiciones de liderazgo, una relación beneficiosa	Una relación peligrosa si los metal no se controlan a sí mismos y aprenden a ser gentiles con los madera.	Los fuego generalmente dominan la relación, que no es beneficiosa para los metal.
AGUA	Las personas tierra trataran de controlar a los agua, lo que puede ser sofocante para los gua de agua. No hacen buenos amigos	Los agua ayudaran a los metal a asumir posiciones de liderazgo, una relación beneficiosa	Ambos son de naturaleza descomplicada y al ser del mismo elemento se divertirán mutuamente	Los agua ayudaran a los madera de forma instintiva y natural. Une relación productiva y estable	Una relación de un balance muy complicado, generalmente dominada por los agua quienes terminan agobiando a los fuego

	TIERRA	METAL	AGUA	MADERA	FUEGO
MADERA	A los tierra no les gusta ser dominados, menos aún por la madera. Es mejor mantenerse alejados o practicar mucha tolerancia	Una relación peligrosa si los metal no se controlan a sí mismos y aprenden a ser gentiles con los madera. Es una relación difícil.	Los agua ayudaran a los madera de forma instintiva y natural. Una relación productiva y estable	Apoyo y respeto mutuo. Disfrutaran mucho de la presencia uno del otro.	Excelentes compañeros en el trabajo, amigos compatibles y camaradas.
FUEGO	Una relación compatible, los fuego animaran y comprenderán el verdadero espíritu de los tierra.	Los fuego generalmente dominan la relación, que no es beneficiosa para los metal.	Una relación de un balance muy complicado, generalmente dominada por los agua quienes terminan agobiando a los fuego	Excelentes compañeros en el trabajo, amigos compatibles y camaradas.	Entusiastas y burbujeantes, se apoyaran mutuamente y se impulsaran a nuevas dimensiones

Agrupando los Ming Gua

Debido a sus características y a la posición que los Trigramas y sus Guas correspondientes ocupan en el balance del orden del Cielo Anterior o perfecto, los Guas pueden ser divididos en dos familias, la familia del Oeste y la familia del Este.

Tabla 4.3 Agrupamiento del Gua por familia, orientación y elemento dominante

Familia	Trigrama	Ming Gua	Orientación	Elemento
OESTE	Quian (Cielo)	6	Noroeste	METAL
	Tui (Lago)	7	Oeste	
	Kun (Tierra)	2	Sudoeste	TIERRA
	Ken (Montaña)	8	Noreste	
ESTE	Li (Fuego)	9	Sur	FUEGO
	Zhen (Trueno)	3	Este	MADERA
	Kan (Agua)	1	Norte	AGUA
	Sun (Viento)	4	Sudeste	MADERA

Entonces: los Ming Gua de la familia del oeste son 2, 6, 7 y 8; y, los Ming Gua de la familia del este son 1, 3, 4 y 9. Sin embargo, cada Ming Gua es proveedor de un Chi especial y único para la persona nacida bajo su influencia. Cada Ming Gua tiene 4 direcciones favorables y 4 direcciones desfavorables. En la tabla de la siguiente página se pueden ver los nombres de las direcciones, el elemento, el auspicio que representan y el efecto que generan. El tipo de efecto está clasificado en F para favorable (F1 el más favorable) y D por dañino (D1 el menos dañino y D4 es el más dañino).

De la siguiente tabla se infiere que, para los asuntos de profesión, la mejor ubicación en nuestro lugar de trabajo es Sheng Chi y nuestra oficina debería estar ubicada en este sector, lo mismo se aplica para nuestro estudio (si es que trabajamos desde nuestra casa); además de esto, nuestro escritorio debería estar orientado hacia el punto cardinal representado por Sheng Chi, es decir al sentarnos en el escritorio nuestra espalda debe estar direccionada hacia el punto cardinal de Sheng Chi.

Tabla 4.4 Nombre de las direcciones, el elemento que representan y el auspicio de su energía

Estrella	Traducción	Elemento	Auspicio	Efecto
Sheng Chi	Chi de Vida	Madera	Prosperidad & Respetabilidad	F1
Yen Nien	Años Prolongados	Metal	Longevidad y Relaciones Románticas	F2
Tien Yi	Doctor Celestial	Tierra	Buena Salud & Relaciones Armoniosas	F3
Fu Wei	Punto Quieto	Madera	Paz y Estabilidad	F4
Ho Hai	Infortunio	Tierra	Accidentes, Riñas & Heridas	D1
Lui Sha	Seis Demonios	Agua	Encuentros Maliciosos & Relaciones Fallidas	D2
Wu Kuei	Cinco Fantasmas	Fuego	Litigios, Accidentes, Heridas & Incendios	D3
Chueh Ming	Fin de la Vida	Metal	Enfermedad, Infortunio & Carrera Improductiva	D4

Para descansar o dormir, nuestra habitación debería estar ubicada en el sector regido por Yen Nien e idealmente la cabecera de nuestra cama debería estar apuntando hacia Fue Wei. Fue Wei es la posición de quietud, por ello es la dirección de descanso y es la que nos permite dormir con propiedad; por otro lado, Yen Nien nos genera longevidad y relaciones amorosas.

Pero, ¿cómo determinar las diferentes direcciones?

El estudio de los ocho Trigramas y sus transmutaciones es la manera de establecer estas direcciones. Recordemos que cada Trigrama pertenece a una orientación en el Lo Shu y Ba Gua, sus transformaciones a otros Trigramas y las direcciones correspondientes a las transmutaciones son las que determinan las direcciones favorables o desafortunadas. Por el momento no ahondaremos más en este proceso, las direcciones favorables y desfavorables para cada uno de los Guas están resumidas en la tabla de la siguiente página.

Tabla 4.5 Direcciones favorables y desfavorables para cada Gua

		1	2	3	4	6	7	8	9
		Agu	Tier	Made	Made	Met	Met	Tier	Fue
		Kan	Kun	Zhen	Xun	Qui	Dui	Gen	Li
		D	I	R	E	C	C	I	O	N	E	S
Prosperidad & Respetabilidad Sheng Chi	F1	SE	NE	S	N	O	NO	SO	E
Longevidad y Relaciones Románticas Yen Nien	F2	S	NO	SE	E	SO	NE	O	N
Buena Salud & Relaciones Armoniosas Tien Yi	F3	E	O	N	S	NE	SO	NO	SE
Paz y Estabilidad Fu Wei	F4	N	SO	E	SE	NO	O	NE	S
Accidentes, Riñas & Heridas Ho Hai	D1	O	E	SO	NO	SE	N	S	NE
Encuentros Maliciosos & Relaciones Fallidas/ Lui Sha	D2	NO	S	NE	O	N	SE	E	SO
Litigios, Accidentes, Heridas & Incendios/ Wu Kuei	D3	NE	SE	NO	SO	E	S	N	O
Enfermedad, Desfortunio & Carrera Improductiva/ Chueh Ming	D4	SO	N	O	NE	S	E	SE	NO

Una persona perteneciente al Trigrama Kan debería tener su oficina en el sureste de las instalaciones de su lugar de trabajo (Sheng Chi), asegurando prosperidad y respeto. Si trabaja en la casa, el estudio debería estar ubicado en el sector sureste de la casa (Sheng Chi). El escritorio dentro de la oficina o estudio debería tener su respaldo hacia el sureste (Sheng Chi). El dormitorio debería estar ubicado en el sector sur de su casa (sector Yen Nien), augurando longevidad y relaciones armoniosas; y la cabecera de su cama debería estar apuntando hacia el norte (Fu Wei) para darle estabilidad.

Debo recalcar nuevamente que antes de aplicar estas direcciones, lo primero es respetar la armonía de la forma, luego la ubicación y solo entonces, la dirección.

Antes de ponernos a la labor de mover muebles o cambiarnos de vivienda, debemos conocer cómo establecer los sectores o mansiones de la casa.

Por último, debo enfatizar que solo una lectura del sistema Ba Zi o Cuatro Pilares sintonizará las direcciones y elementos apropiados de una forma 100% fidedigna, a pesar de que el Gua personal es ampliamente utilizado en el Feng Shui Clásico, el sistema Ba Zi siempre tendrá la última palabra.

CAPÍTULO V

Los Ocho Tipos de Casas y las Ocho Mansiones (Yigua)

Las Ocho Mansiones

La fórmula de las ocho mansiones caracteriza todas las casas de acuerdo a la orientación de la tortuga negra (asiento) y las divide en ocho tipos de casas; a su vez, todas las casas tienen ocho mansiones o cuadrantes periféricos que presentan condiciones favorables o desfavorables. Como resultado de esta distribución también se genera un palacio o mansión central, en la fórmula de las ocho mansiones el palacio central no tiene propiedad determinada.

El sistema de las ocho mansiones es el más simple de las fórmulas de la brújula (Liqui Pai), pero no por ello menos efectivo. Por otro lado, la fórmula de las estrellas voladoras asigna condiciones al palacio central y considera 24 orientaciones para las casas y además, es un sistema más complicado. El sistema de las estrellas voladoras es el tema central del volumen II de esta serie de libros sobre Feng shui.

Recordemos que en el estudio del Luantau Pai (La Forma) aprendimos que la ubicación de una casa con un entorno apropiado genera buen Chi; es decir, una ubicación apropiada de los 5 animales celestiales, tortuga negra (respaldo), dragón verde, tigre blanco y ave fénix genera buena energía. La serpiente amarilla es la casa en sí misma.

La dirección del asiento (respaldo o tortuga negra) de la casa determina el tipo de casa, es decir que una casa con asiento

Oeste es de tipo Oeste, una casa con asiento Sureste será del tipo Sureste.

Por muchos factores es más fácil determinar el frente de la casa que el asiento (montaña), una vez determinada el frente, la zona opuesta será el asiento.

¿Cómo determinar el frente de una casa?

El frente energético de una casa puede coincidir o no con el frente arquitectónico de la misma y para determinar el frente energético se deben conocer las condiciones que lo caracterizan.

Tabla 5.1 Características que determinan el frente y la montaña (respaldo) de una casa

FRENTE	MONTAÑA
Agua	Montaña
Pendiente descendente	Pendiente ascendente
Luz y calor	Sombra y frío
Movimiento, calle	Quietud, edificios
Amplitud, apertura	Protección, cerrado
Ruido	Silencio
Público	Privado

Entonces, por lo general el frente es:

1. El lado de la casa que da a la calle.
2. En un edificio de departamentos o en los departamentos se utiliza el frente del edificio.

3. Es la fachada del inmueble; pero existen algunas consideraciones que se deben verificar:

    A. Si el edificio o edificación tiene una vista (ventanas o aberturas) hacia un espacio abierto muy grande (ej. campo de golf o el mar), este lado es el frente energético, aunque no coincida con la puerta de ingreso o fachada.

    B. Si dos lados parecen ser el frente, el lado que reciba más luz y calor del sol debe considerarse como el frente.

    C. Si los dos lados son igualmente soleados, elija el lado desde el cual se vea más movimiento como el frente.

Una vez que hemos encontrado el frente energético de la vivienda o conjunto de viviendas, necesitamos dos pasos más para ubicar las mansiones o cuadrantes y caracterizar el tipo de casa.

Paso 1. Utilizar el plano de la casa. Si no contamos con el plano arquitectónico elaborado por un arquitecto, nosotros mismos podemos realizar un croquis. Con una cinta métrica apropiada a las medidas del inmueble, tomaremos las medidas de las diferentes habitaciones y espacios; y las dibujaremos en un bosquejo a escala. Acto seguido, ubicamos el frente y la montaña conforme corresponda.

Se toma el plano o croquis y se lo encasilla en un cuadrado o rectángulo, según sea apropiado para la forma de la casa.

Este cuadrado o rectángulo, se lo divide en 9 subcuadrantes de igual tamaño. Veamos un ejemplo.

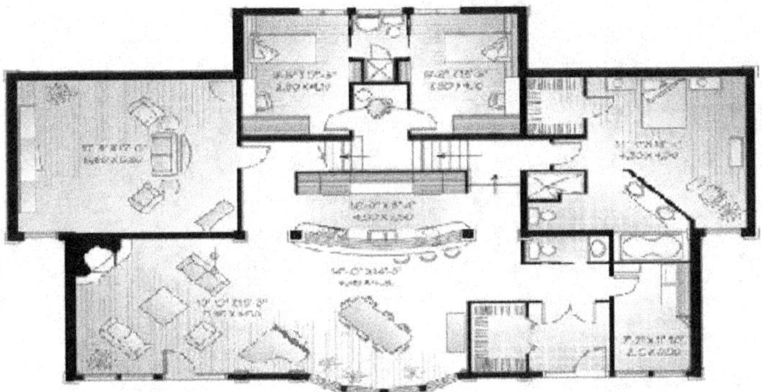

Figura 5.1 Elaboración del plano de la casa

Figura 5.2 Ubicando la Montaña (respaldo) de la casa

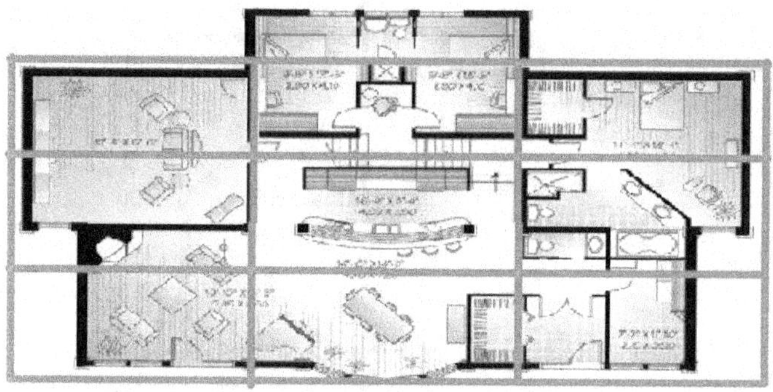

Figura 5.3 Ubicación de los subcuadrantes sobre el plano de la casa

Paso 2. Utilizando una brújula, leemos hacia donde apunta el norte magnético y lo ubicamos en el plano o croquis.

El norte magnético en el croquis o plano estará apuntando al subcuadrante o mansión norte; a partir del subcuadrante norte y en sentido de las manecillas del reloj, ubicamos los 7 subcuadrantes restantes en el siguiente orden: Noreste, Este, Sureste, Sur, Suroeste, Oeste y Noroeste.

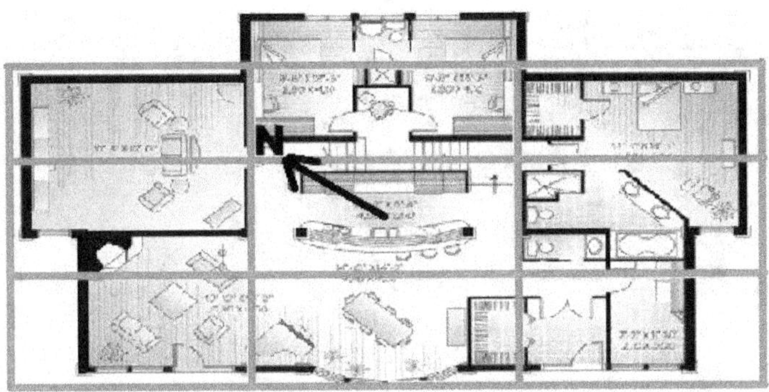

Figura 5.4 Determinando el norte magnético

A continuación, leemos en que mansión resultó ubicado el asiento o montaña de la casa.

Si la montaña o asiento está ubicada en el cuadrante Norte, la casa es de tipo Norte. Si la montaña o asiento está ubicada en el cuadrante Sureste, la casa es de tipo Sureste.

En nuestro ejemplo, el asiento o montaña de la casa en cuestión es Noreste.

La tabla 5.2 (página 93) nos muestra que la casa del ejemplo es del grupo del Oeste y su número de Gua es 8.

Luego colocamos los palacios correspondientes a las direcciones para una casa de Gua 8.

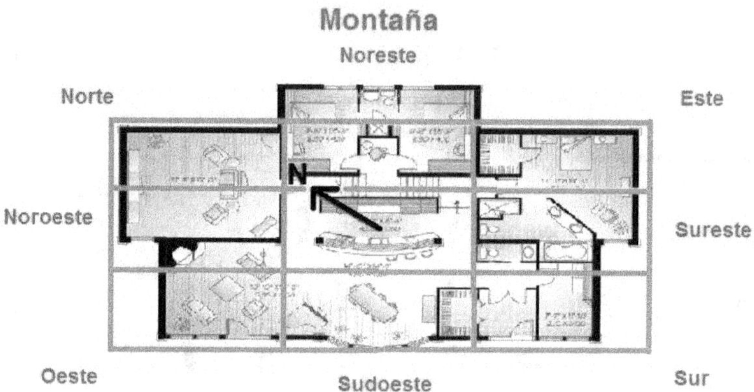

Figura 5.5 Determinando el asiento de la casa y el tipo de casa

Al igual que las personas pueden ser agrupadas en concordancia con su número Ming Gua, dependiendo del tipo de asiento, las casas también pueden ser agrupadas en dos grupos, el grupo del Este y el grupo del Oeste.

Tabla 5.2 Agrupamiento de los diferentes tipos de casas, dependiendo de su asiento o respaldo

Grupo	Trigrama	Número Tipo de Casa	Orientación del Asiento / Montaña	Elemento
OESTE	Quian (Cielo)	6	Noroeste	METAL
	Tui (Lago)	7	Oeste	
	Kun (Tierra)	2	Sudoeste	TIERRA
	Ken (Montaña)	8	Noreste	
ESTE	Li (Fuego)	9	Sur	FUEGO
	Zhen (Trueno)	3	Este	MADERA
	Kan (Agua)	1	Norte	AGUA
	Sun (Viento)	4	Sudeste	MADERA

Al igual que en el caso del Ming Gua y sus direcciones favorables y desfavorables, las direcciones de los subcuadrantes favorables y desfavorables se determinan por la transmutación del Trigrama correspondiente al tipo de casa o número de casa. Los subcuadrantes favorables y desfavorables para cada casa están resumidos en la tabla de la siguiente página.

Tabla 5.3 Subcuadrantes favorables y desfavorables y su significado para cada tipo de casa

ESTRELLA REGENTE	1	2	3	4	6	7	8	9
	Agu	Tier	Made	Made	Met	Met	Tier	Fue
	Kan	Kun	Zhen	Xun	Qui	Dui	Gen	Li
	DIRECCIÓN DE LA MANSIÓN							
Prosperidad & Respetabilidad Sheng Chi	SE	NE	S	N	O	NO	SO	E
Longevidad y Relaciones Románticas Yen Nien	S	NO	SE	E	SO	NE	O	N
Buena Salud & Relaciones Armoniosas Tien Yi	E	O	N	S	NE	SO	NO	SE
Paz y Estabilidad Fu Wei	N	SO	E	SE	NO	O	NE	S
Accidentes, Riñas & Heridas Ho Hai	O	E	SO	NO	SE	N	S	NE
Encuentros Maliciosos & Relaciones Fallidas/ Lui Sha	NO	S	NE	O	N	SE	E	SO
Litigios, Accidentes, Heridas & Incendios/ Wu Kuei	NE	SE	NO	SO	E	S	N	O
Enfermedad, Infortunio & Carrera Improductiva/ Chueh Ming	SO	N	O	NE	S	E	SE	NO

Esta tabla es similar a la tabla de las direcciones favorables y desfavorables del Ming Gua (tabla 4.5, página 84), al hacer una pequeña comparación de los dos cuadros, se puede inferir que:

- Si el número del tipo de casa es igual al número del Gua personal del propietario de la casa, esta es una situación ideal. Los sectores favorables de la casa son también las ubicaciones favorables para el propietario.

- Si el propietario de la casa y la casa pertenecen a la misma familia/grupo; por ejemplo Oeste, las condiciones también son favorables para el propietario, las mansiones favorables de la casa también representan ubicaciones favorables para el propietario, solo que las mansiones y las ubicaciones deben ser utilizadas de una manera diferente.

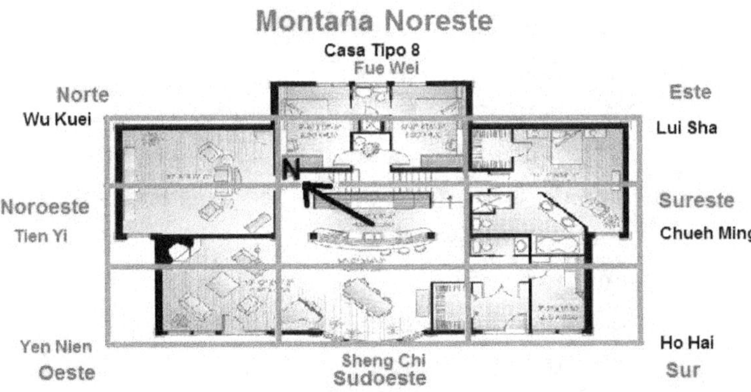

Figura 5.6A Asignando un palacio a cada subcuadrante

Para una mejor comprensión retiramos los cuadrantes y ubicamos los palacios en las habitaciones que los contienen.

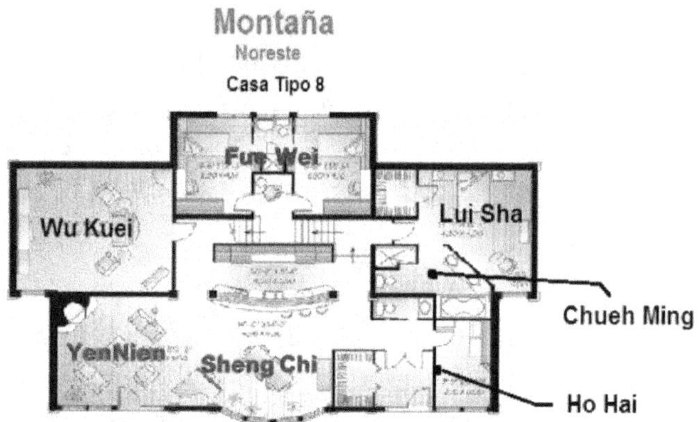

Figura 5.6B Asignando un palacio a cada subcuadrante

Tomando en cuenta que los efectos de la fórmula de las ocho mansiones ocurren a largo plazo; es decir, en un lapso de 3 a 5 años de permanencia en la vivienda, esta fórmula es más apropiada para viviendas que para oficinas o locales comerciales, en los negocios se desean resultados a corto plazo. De igual manera, si alquilamos una casa por espacio de 1 o 2 años, en lugar de la fórmula de las ocho mansiones utilizaremos la fórmula de las estrellas voladoras porque esta genera resultados más rápidos.

La fórmula de las ocho mansiones es preferida para utilizarla en las casas y la de las estrellas voladoras en los departamentos.

Utilizar esta fórmula para planificar la construcción de una casa es ideal; al conocer en qué sectores estarán los palacios positivos y negativos, los ambientes se pueden distribuir de una manera más apropiada. Es importante que la entrada de la casa y los dormitorios estén ubicados en sectores o mansiones positivas.

El diagrama de los diferentes tipos de casas de acuerdo con la fórmula de las ocho mansiones

En los diagramas siguientes podemos observar la distribución de las ocho mansiones en los 8 tipos de casas. Las montañas están hacia arriba y los frentes hacia abajo. Nótese que la dirección de la montaña es siempre Fu Wei, para descansar con el apoyo de la tortuga negra.

A continuación, en las imágenes correspondientes a la figura 5.7, podemos ver la distribución de las mansiones o palacios en los 8 tipos de casas.

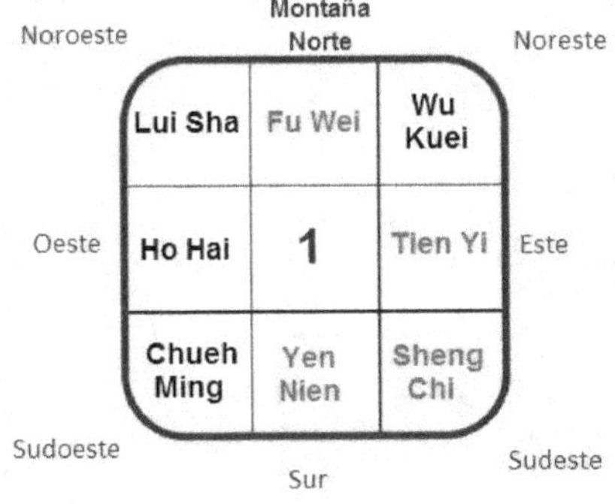

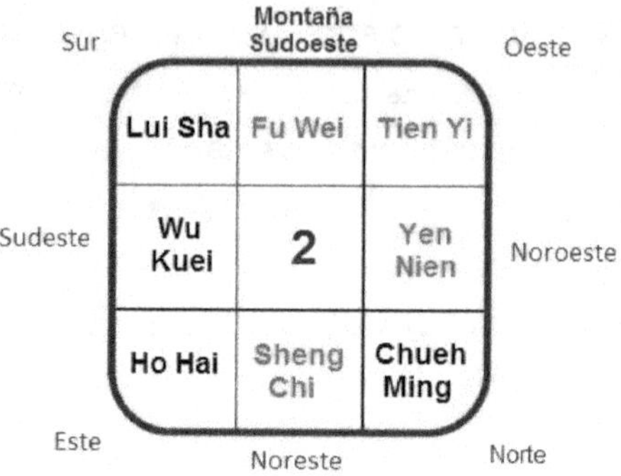

Sur
Montaña Sudoeste
Oeste
Lui Sha
Fu Wei
Tien Yi
Sudeste
Wu Kuei
2
Yen Nien
Noroeste
Ho Hai
Sheng Chi
Chueh Ming
Este
Noreste
Norte

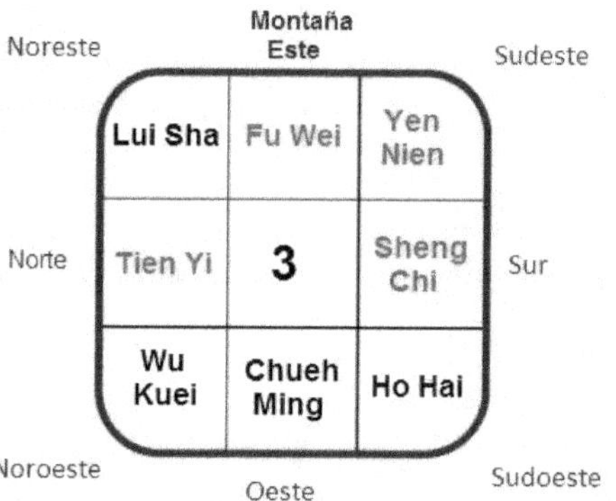

Noreste
Montaña Este
Sudeste
Lui Sha
Fu Wei
Yen Nien
Norte
Tien Yi
3
Sheng Chi
Sur
Wu Kuei
Chueh Ming
Ho Hai
Noroeste
Oeste
Sudoeste

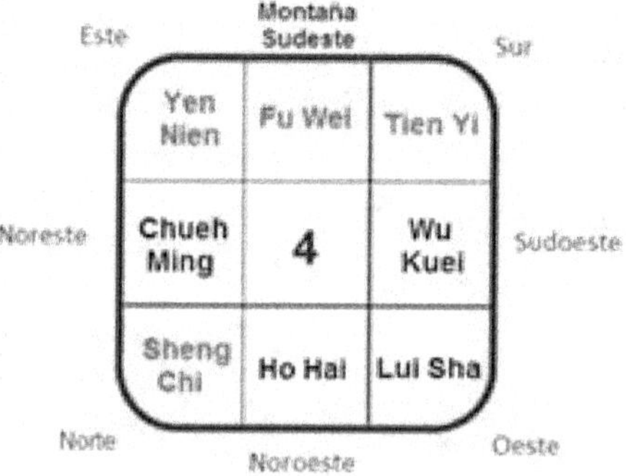

Este
Montaña Sudeste
Sur
Yen Nien
Fu Wei
Tien Yi
Noreste
Chueh Ming
4
Wu Kuei
Sudoeste
Sheng Chi
Ho Hai
Lui Sha
Norte
Noroeste
Oeste

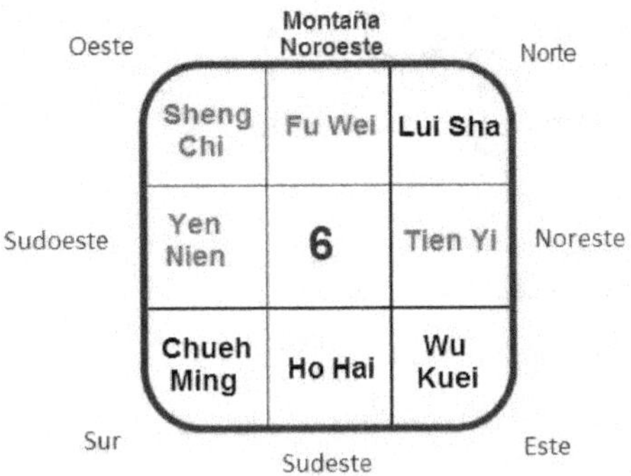

Oeste
Montaña
Noroeste
Norte
Sheng Chi
Fu Wei
Lui Sha
Yen Nien
6
Tien Yi
Chueh Ming
Ho Hai
Wu Kuei
Sudoeste
Noreste
Sur
Sudeste
Este

Sudoeste
Montaña
Oeste
Noroeste
Tien Yi
Fu Wei
Sheng Chi
Wu Kuei
7
Ho Hai
Lui Sha
Chueh Ming
Yen Nien
Sur
Norte
Sudeste
Este
Noreste

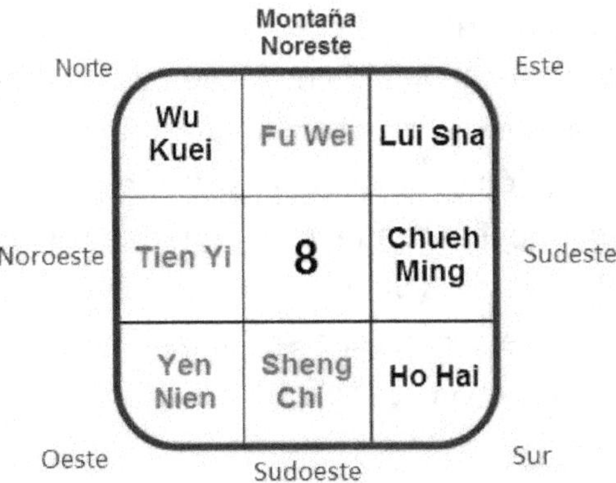

Norte
Montaña
Noreste
Este
Wu Kuei
Fu Wei
Lui Sha
Tien Yi
8
Chueh Ming
Yen Nien
Sheng Chi
Ho Hai
Noroeste
Sudeste
Oeste
Sudoeste
Sur

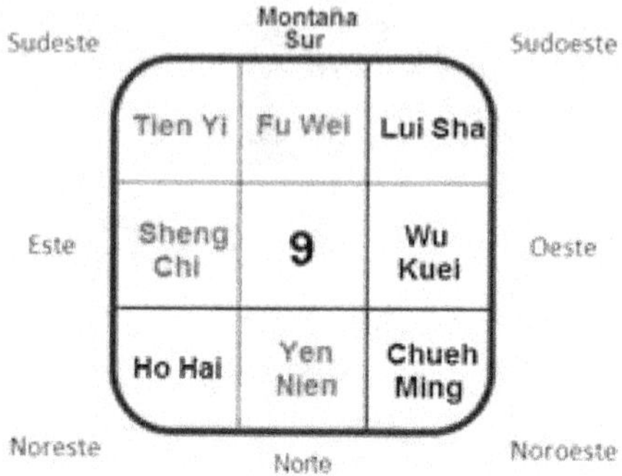

Figura 5.7 La distribución de las mansiones en los ocho tipos de casas

La idea de que existen figuritas y objetos mágicos que ayudan a armonizar los palacios negativos debe ser descartada, esos objetos son de escasa o ninguna utilidad.

Es importante que la entrada de la casa y los dormitorios estén ubicados en sectores apropiados. La entrada en Sheng Chi o Tien Yi; que la entrada se encuentre en Lui Sha o Chueh Ming es altamente negativo, también se debe evitar estas mansiones para el dormitorio.

La cocina podría ubicarse en un lado negativo, la cocina tiene la capacidad para "quemar lo negativo" neutralizando así sus efectos. La cocina también debe evitar el sector o palacio del noroeste; el palacio noroeste contiene las "puertas del cielo". Solo la técnica de las estrellas voladoras nivela o potencia la energía de un cuadrante y para ello se utiliza uno de los 5 elementos mencionados en el capítulo I.

Las siguientes son las características de los diferentes palacios.

Palacios positivos.
Sheng Chi. Es el cuadrante más favorable, es la dirección de la prosperidad y la riqueza. Éxito en la carrera.
Tien Yi. Es el cuadrante de la salud y las relaciones armoniosas. Favorable para recibir ayuda de personas nobles o instituciones que se encuentran en una posición superior a la nuestra.
Yen Nien. Cuadrante de la longevidad y relaciones amorosas, tanto entre parejas como intrafamiliares.
Fu Wei. Es una dirección positiva que genera paz y estabilidad. Es la dirección de la montaña.

Palacios Negativos
Chueh Ming. Es la peor ubicación posible. Atrae mala suerte y carrera improductiva. Acarrea desgracias.
Lui Sha. Produce enfermedad y relaciones fallidas. Se relaciona con heridas, intervenciones quirúrgicas, lesiones, robos y problemas legales.
Wu Kuei. Genera litigios, accidentes, heridas, problemas y dificultades. Se relaciona con habladurías, estrés, chismes, acoso y mala suerte en los juegos de azar.
Ho Hai. Augura accidentes, riñas y heridas. Esta dirección se debe evitar para tareas que impliquen trabajar con fuego o elementos cortantes, si no hay una mejor opción es aceptable para dormir. Se asocia con problemas en el trabajo, falta de oportunidades y aislamiento.

Analicemos nuestro ejemplo:

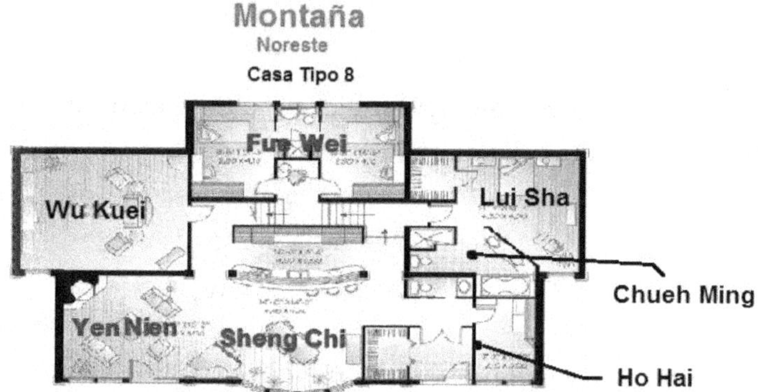

Figura 5.8 Encontrando los palacios que se ubican en los sectores importantes de la casa

Los lugares importantes de la casa: entrada, cocina y dormitorios.

Entrada. La entrada está ubicada en el palacio Yen Nien, lo cual genera longevidad y buenas relaciones.

Cocina. La cocina es un problema mayor. A pesar de que es una casa hermosa y con diseño estilizado y modernista, la cocina está ubicada en el palacio central (fuego en el palacio central o corazón de la casa). El palacio central debería ser un lugar tranquilo y calmado.

El dormitorio master está en el palacio Lui Sha, generando encuentros maliciosos y relaciones fallidas. No sería nada extrañó que en el lapso de 3 a 5 años esta familia sufra por eventos de infidelidad con la consecuente separación y divorcio.

El dormitorio de los hijos está en una posición adecuada, el palacio Fue Wei les provee de paz y tranquilidad. Debido a que los escritorios están en el mismo cuadrante, la parte académica podría verse afectada por letargo y decidía, especialmente al momento de hacer las tareas y deberes. Nótese la posición inadecuada de los escritorios de los hermanos, estos están con la espalda dirigida hacia la puerta de entrada.

Este sector de la casa es un dormitorio dúplex en el que se comparte el mismo baño. Si los hermanos así lo deciden, ellos pueden ingresar al cuarto contiguo sin tener que salir por las puertas de entrada de la habitación. Esta es la razón para que los dos espacios ocupen un solo palacio.

Los sectores negativos Chueh Ming y Ho Hai están atrapados en un baño y en los cuartos de máquinas respectivamente.

El palacio Wu Kuei se ubica en el cuarto de televisión y cine, por lo que salvo que la familia dedique demasiado tiempo a esta actividad, los litigios, accidentes y heridas no deberían ser un problema. En esta área se debe tener mucho cuidado con los incendios, especialmente los que se podrían generarse en las múltiples conexiones eléctricas de la habitación.

Figura 5.9 Utilizando los palacios de la casa de una manera más efectiva

Sugerencias
Los cambios importantes de la casa:

El dormitorio master. Fue ubicado en el palacio Tien Yi, lo que nos generará buena salud y relaciones armoniosas. Tanto la posición actual como la antigua, respetan los conceptos de la forma.

Tiene una mejor ubicación y a pesar de que la orientación de la cama podría no ser la óptima, esto no es tan importante; sin embargo, para una persona de Gua 8, esta sería la segunda mejor orientación para la cama. Su mejor orientación sería noreste, pero en esa dirección está el baño y la ventana.

La cabecera orientada hacia el Noroeste, como en el gráfico, es óptima para una persona del Gua 6.

La cabecera también puede ser orientada hacia el Suroeste, lo que sería óptimo para una persona del Gua 2.

Esta disposición de las habitaciones será especialmente beneficiosa para las personas de la familia del Oeste.

El palacio Tien Yi. Anteriormente estaba dividido entre la sala y el cuarto de cine-televisión y se perdía sin definición. El dormitorio pasa a ocupar el resurgido palacio Tien Yi.

Al incluir el baño en el sector norte, el mismo pasa a ocupar el nada auspicioso palacio Wu Kuei, resolviendo de esta manera el problema cuando el dormitorio master ocupaba este sector.

El dormitorio de los hijos. Continúa en el mismo palacio, los cambios importantes se refieren a la forma, las cabeceras apuntan hacia la montaña, lo que les dará un descanso seguro.

Los escritorios están orientados de una manera diferente y aunque las puertas no están en la mejor posición en relación a los mismos, están orientados en la mejor dirección posible. Los hijos aún no adquieren una posición de poder en su vida social, ni en la casa, ni en sus carreras; por lo que no es tan necesario que tengan el respaldo de una pared en sus espaldas. Si los escritorios pudieran ser ubicados con el respaldo de una pared, sería una condición ideal. Sin duda, la orientación es ventajosa, ya que activara la creatividad y la producción de quien los usa.

El problema de las puertas enfrentadas en las entradas de la habitación de los hermanos fue resuelto disponiendo las puertas de una manera diferente, de este modo las dos entradas se benefician por igual del Ming Tang al frente de las mismas.

El sector más problemático era la cocina, la misma requería de medidas drásticas.

Se procedió a una remodelación total de la cocina, la cocina fue movida del palacio central hacia el palacio Ho Hai, en donde quemará cualquier influencia negativa que el palacio pudiera tener. El desayunador está adjunto a la nueva cocina, pero la familia debería inclinarse a utilizar el comedor social porque este genera uno de los mejores efectos de la casa.

Los quemadores han sido ubicados en el centro del lado Noreste de la cocina, en donde reciben el apoyo de la montaña.

El teatro en casa se ubica en el palacio Lui Sha, su efecto negativo debería ser evitado tratando de utilizar este espacio lo menos posible.

El palacio Chueh Ming, al encontrase circunscripto al cuarto de máquinas, está siendo evitado.

Otra ventaja de esta distribución es que las áreas Yang de la casa se encuentran hacia el frente; por otro lado, los dormitorios están hacia el lado de la montaña, lo que es una buena disposición para las áreas Yin.

El siguiente recuadro muestra las áreas de una vivienda y la relación Yin/Yang en las mismas.

Tabla 5.4 Predominio del Yin o Yang en los sectores de la casa

Predominio Yang	Equilibrio Yin/Yang	Predominio Yin
Entradas Recibidores Cocinas Cuartos de Juego Corredores y escaleras	Salas de Estar Comedores Estudios	Cuartos de Baño Dormitorios

Combinando el Gua de la casa con el Gua de la persona

Reglas para combinar el Gua de la casa y el Gua personal.

1. La ubicación de la cama en la habitación y la orientación de la cabecera, primero deben respetar los conceptos de la forma.
2. La ubicación tiene prioridad sobre la orientación.
3. Tratar de elegir una mansión positiva para la habitación, pero respetando los criterios de la forma. Una buena ubicación con formas negativas no aporta ningún beneficio.
4. Si la casa y el dueño son de la misma familia de los Guas, el dueño ubicará su habitación en un sector favorable.
5. Si la casa y el propietario tienen Guas de familias diferentes, entonces tiene prioridad el Gua de la casa. Si el cuadrante es de una ubicación positiva para la persona, pero es una mansión negativa en la casa, los efectos son negativos.

La dirección de la cama no compagina en la pareja

Mi esposo y yo somos de guas que pertenecen a familias diferentes, las direcciones que son favorables para mí son desfavorables para él y viceversa. ¿Cómo hacemos para orientar nuestra cama?

Veamos el ejemplo cuando el esposo es del Gua 9 y la esposa es del Gua 2.

Antes de aplicar esta fórmula hay que recordar que: primero se debe respetar la forma, como complemento la habitación debe estar ubicada en un palacio positivo y solo entonces la orientación será favorable.

"Mi esposo es 9 y yo soy 2"
Veamos: De la familia del Oeste son **2**, 6, 7 y 8; de la familia del Este son 1, 3, 4 y **9**. Las direcciones favorables para 9 serán direcciones desfavorables para 2 y viceversa.

Existe una dirección oculta para cada Gua en la otra familia. Estas direcciones ocultas provienen del arreglo de los Trigramas en los cielos anterior y posterior, por el momento no ahondaremos en este concepto, pero los números correspondientes a los Trigramas en el cielo anterior y posterior nos indican la dirección oculta.

El sistema de reemplazo del Gua en el cielo posterior y anterior se utiliza para los Gua 1, 4, 8 y 9, que en la figura 5.10 son el inicio de las flechas o direcciones ocultas, como resultado se arriba a una dirección. El Gua de la dirección de arribo tiene su dirección oculta en el inicio de la flecha.

Tomemos como ejemplo el Gua 9. Queremos encontrar su dirección oculta en la otra familia.

Al sobreponer el cuadro del cielo posterior sobre el del cielo anterior, el 9 se sobrepone a la cuadrícula ocupada por el Gua 6, de regreso al cielo posterior el gua 6 corresponde a la dirección Noroeste.

El Gua 6 por su lado, al seguir la flecha de dirección en sentido contrario nos ayuda a determinar que su dirección oculta es el Sur.

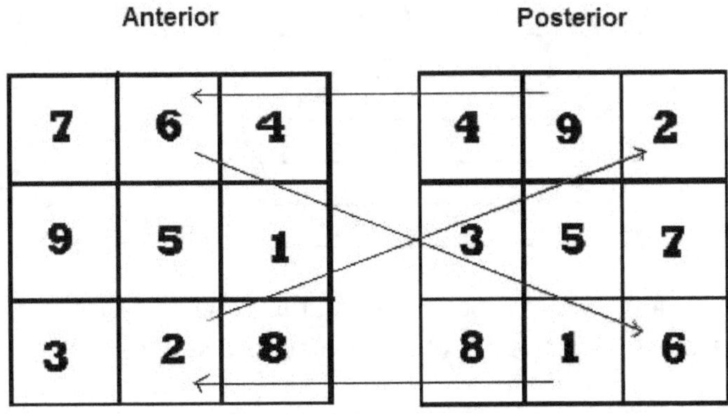

Figura 5.10 Determinando las afinidades ocultas del Gua

De la aplicación del sistema antes mencionado, obtenemos la siguiente tabla.

Tabla 5.5 Afinidades ocultas de los Gua

Ming Gua	Afinidad Oculta
1	Sudoeste
2	Norte
3	Noreste
4	Oeste
6	Sur
7	Sudeste
8	Este
9	Noroeste

En la pareja del ejemplo podríamos utilizar la dirección Noroeste para el hombre, en el caso de la esposa su dirección oculta es el Norte.

Ubicación del escritorio o lugares de trabajo

Igualmente debemos intentar ubicarnos en un cuadrante positivo, preferiblemente Sheng Chi.

Orientar el respaldo del escritorio hacia una dirección favorable para el Gua personal, idealmente Sheng Chi.

Primero se deben respetar los criterios de la forma, luego la ubicación y finalmente la dirección.

CAPÍTULO VI

El Agua

El agua y su colocación

El agua es acumuladora del Chi, se utiliza en el Feng Shui para acumular y retener la energía positiva, así como también para protegerse de la energía negativa.

Mitos comunes sobre el Agua

- Erróneamente se piensa que una fuente debe tener los 5 elementos para ser eficaz y "armonizar" el ambiente.
- En el caso de los acuarios, el tipo, color y número de los peces tiene mucha importancia. En realidad, las características de los peces no tienen importancia, lo que acumula la energía es el agua y los peces ayudan a mantenerla en movimiento.
- La idea errónea de que toda casa debe tener una fuente de agua para "armonizar" el ambiente debe ser descartada. El agua acumula Chi y como veremos más adelante, existen sectores apropiados para tener o colocar agua y existen reglas y fórmulas para su aplicación; existen casas que no aceptan agua en ninguno de sus ambientes. En algunos casos el agua podría resultar perjudicial.
- La pintura de un lago o paisaje de mar funciona como receptora del Chi. Esto es falso, solo el agua real puede acumular Chi, las pinturas de paisajes

acuáticos, así como los colores relacionados al agua pueden utilizarse como curas en función a la vibración que emiten, pero no acumulan Chi.

Consideraciones sobre el Agua en el Feng Shui

Si el agua es pacífica y estable, el agua es amigable; pero si es tumultuosa y descontrolada puede ser peligrosa y generadora de Sha Chi. El agua estancada y putrefacta genera Sha Chi y no actúa como agente acumulador de energía positiva.

El agua natural siempre será más poderosa -como acumuladora del Chi- que si se tratase de agua controlada por el hombre. Sin duda, los efectos del agua dependen de la cantidad de la misma; en general, el agua de una laguna natural acumula más Chi que el agua de un reservorio artificial.

El agua externa ayuda a acumular el Chi del entorno para que luego pueda ingresar a la vivienda. El agua interna solo ayuda a activar el Chi que ya se encuentra dentro de la vivienda y solo es eficaz cuando el flujo de la energía de la vivienda es apropiado. Muchas veces el agua interna complementa a la externa, en otras ocasiones el agua interna es la única opción.

El agua puede ser propia o ajena; veamos un ejemplo utilizando las piscinas de una zona residencial. La piscina dentro de nuestro predio hará que los efectos generados por el agua provengan desde nuestra familia, de nuestro hogar o de nuestro negocio (agua propia). Las piscinas de las residencias aledañas producirán efectos (negativos o positivos) que se generarán fuera de nuestro entorno familiar o empresa (agua ajena).

Regla del Espíritu Directo e Indirecto

Esta regla está relacionada a la dirección particular en la que el agua no es beneficiosa para una vivienda. Esta dirección está determinada por el periodo del tiempo y consecuentemente por la estrella regente. En el periodo actual, periodo 8 desde feb-04-2004 hasta feb-04-2024, el espíritu directo está en dirección Noreste y en esta dirección el agua no es aceptable. Da lo mismo si el agua estuviese dentro o fuera de la vivienda.

El espíritu indirecto, que para el periodo 8 es el Sudoeste, es la posición óptima para la ubicación del agua; además de estas direcciones, en cada periodo existen otras 3 direcciones favorables y 3 direcciones desfavorables para el agua. Todas estas direcciones están representadas en la figura 6.1 (página 114).

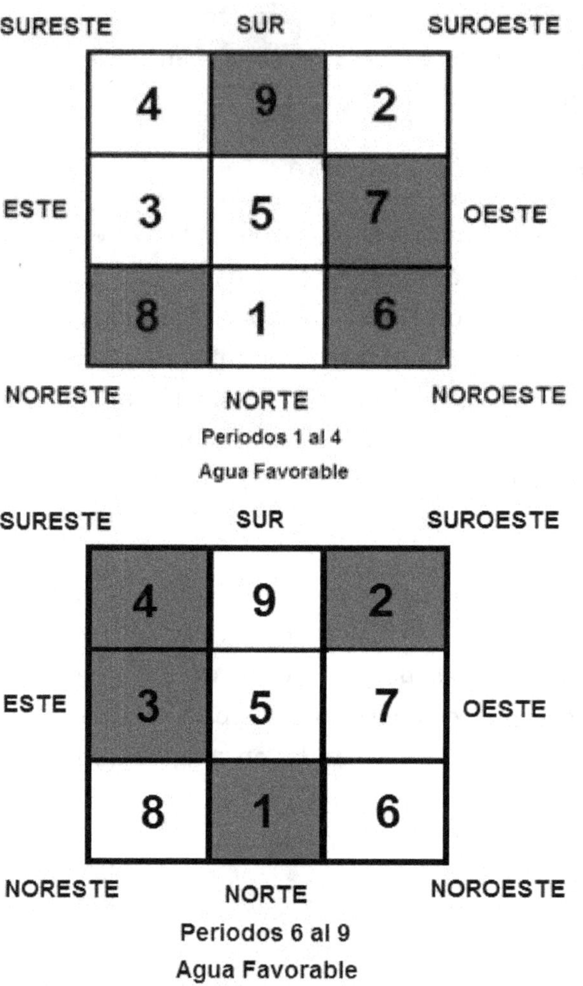

Figura 6.1 Ubicación del agua en los palacios dependiendo del periodo de tiempo

Nótese que el palacio central nunca acepta agua. El palacio central requiere tranquilidad y reposo. El agua -al ser un elemento Yang potenciador- no permitiría el descanso del palacio central.

En el periodo 5, los 10 primeros años equivalen a las posiciones de los periodos 1 al 4 y los 10 últimos años equivalen a las posiciones de los periodos 6 al 9.

Reglas y consejos en la utilización del agua

- En los dormitorios se debe evitar el agua, esta es un área Yin y el agua activa la energía Yang de las mismas, al colocar agua en los dormitorios se crea un desbalance en la personalidad de las habitaciones.

- Las paredes decorativas con agua en movimiento, como las que se pueden encontrar en restaurantes y ciertos hoteles, no son adecuadas para acumular el Chi. El agua corre demasiado rápido y no acumula energía.

- El agua externa produce efectos más poderosos que el agua interna. Las piscinas son ideales, pero se requiere que estén llenas y limpias durante todo el año. Los estanques deben tener al menos 30 cm de profundidad para ser buenos recolectores de energía. Las fuentes no son una opción recomendable, la mayoría son ruidosas y tienen un escaso volumen de agua. A menos que se pueda controlar y disminuir el ruido, el jardín no debe tener una cascada artificial.

- Aunque el agua interna esté bien ubicada, sus resultados son más modestos que los del agua externa.

- La cantidad de agua debe ser proporcional al tamaño de la casa, por regla general se necesita 1 litro por cada metro cuadrado de construcción. En el caso del agua externa, generalmente los cuerpos de agua presentan un gran volumen y por ello sus efectos siempre son poderosos.

- Las peceras y acuarios son la mejor opción para colocar agua en el interior de la vivienda, recuerda que si tu casa es de 100 m^2 de construcción necesitarás una pecera de al menos 100 litros. Es aconsejable que el agua tenga buen contacto con el aire.

- Las fuentes de agua, a menos que contengan 3 litros como mínimo, son menos eficaces.

- Otras consideraciones importantes para la ubicación del agua son determinadas por el estudio de las estrellas voladoras, por lo que antes de ponerse en la tarea de construir una piscina o montar un acuario, es indispensable conocer las condiciones de las estrellas voladoras en los sectores de la casa. Ver Feng Shui Clásico Vol. II.

CAPÍTULO VII

Una introducción a la Técnica Ba Zi y los Cuatro Pilares del Destino

Una leyenda dice que Buda, antes de alcanzar Nirvana, convocó a los animales de la tierra, pero solo 12 respondieron a su llamado. Como premio a los animales que se presentaron trayendo consigo presentes, Buda le concedió a cada uno el poder de -por el lapso de un año- regir sobre los asuntos terrenales. La asignación ocurrió en el mismo orden en el que llegaron los animales. La rata fue honorada con el primer año, seguida del buey, tigre, liebre (o conejo), dragón, serpiente, caballo, cabra (u oveja), mono, gallo, perro y finalmente el cerdo. Estos animales representan los 12 animales del mal llamado "Zodiaco Chino".

A pesar de que los anales de la técnica Ba Zi datan desde el 2600 A.C., los mismos no mencionan el uso del ciclo de los 12 animales en sus inicios. Esta forma de la llamada astrología China, ya era popular para finales del siglo X. La creencia de que las técnicas de la práctica del Ba Zi son una suerte de arte adivinatoria, se ha popularizado indiscriminadamente; sin embargo, la técnica Ba Zi estudia la energía de la Tierra y de los Cielos basándose en los ciclos del tiempo. Para la Metafísica China, el tiempo no tiene una progresión lineal, sino una progresión en forma de espiral y por ende cíclica. Uno de estos ciclos, el de los 12 años, es el ciclo de las Ramas Terrestres. En este ciclo, cada uno de los 12 animales del "Zodiaco Chino" corresponde a una Rama Terrestre; por ello, cada Rama Terrestre domina uno de los 12 meses del año, un día de cada 12 días y dos horas por día (lo que divide el día en 12 segmentos de 2 horas). La hora en la Metafísica China está formada por 120 minutos.

Tabla 7.1 Las Ramas Terrestres, los meses y las horas que dominan

Rama Terrestre	Animal del Zodiaco Chino	Mes *	Hora
Yin	Tigre	Febrero 4 – Marzo 4	03:00 a 05:00
Mao	Liebre	Marzo 5 – Abril 3	05:00 a 07:00
Chen	Dragón	Abril 4 – Mayo 4	07:00 a 09:00
Szu	Serpiente	Mayo 5 – Junio 4	09:00 a 11:00
Wu	Caballo	Junio 5 – Julio 6	11:00 a 13:00
Wei	Cabra	Julio 7 – Agosto 6	13:00 a 15:00
Shen	Mono	Agosto 7 – Septiembre 6	15:00 a 17:00
Yu	Gallo	Septiembre 7 – Octubre 7	17:00 a 19:00
Hsu	Perro	Octubre 8 – Noviembre 6	19:00 a 21:00

Hai	Cerdo	Noviembre 7 – Diciembre 6	21:00 a 23:00
Tzu	Rata	Diciembre 7 – Enero 4	23:00 a 01:00
Chou	Buey	Enero 5 – Febrero 3	01:00 a 03:00

* El día de inicio de ciertos meses dependerá del año en cuestión, en este ejemplo se está utilizando las fechas correspondientes al año de la Serpiente de Agua, 2013.

La Bóveda Celeste

El sistema Di Zhi o sistema de las Ramas Terrestres y Tallos Celestiales se basa en la observación de las estrellas y planetas y su influencia energética sobre la tierra.

El "zodiaco chino" es un ciclo de 12 años. Doce años es el tiempo que el planeta Júpiter necesita para completar su órbita alrededor del Sol. Este movimiento hace que -en cada año- Júpiter aparezca en un sector o dirección diferente del cielo. Cada uno de estos 12 sectores de la bóveda celeste, representa una de las doce Ramas Terrestres, que según el "zodiaco chino" equivalen a un animal celestial.

Cuando Júpiter está en el sector de Tsu, este es el año de la rata y así sucesivamente.

Los planetas, Júpiter, Saturno, Marte, Venus y Mercurio, que son los planetas visibles en el cielo nocturno, se equiparan a los 5 elementos de la Metafísica China. Júpiter = Madera,

Saturno = Tierra, Venus = Metal, Mercurio =Agua y Marte = Fuego.

Cada uno de ellos representa uno de los 5 Tallos Celestiales.

El posicionamiento de estos planetas determinará el elemento del año, por lo tanto, también determinará el Tallo Celestial del año. Esta es la razón por la que cada año está caracterizado por la combinación de una Rama Terrestre y de un Tallo Celestial; es decir, un animal celestial y un elemento.

En el lapso de 60 años, cada Tallo Celestial se combinará con cada una de las Ramas Terrestres; lo que implica que la misma posición de estos 5 planetas en relación al planeta Tierra, solo se repetirá cada 60 años. A esto se lo conoce como el Ciclo Sexagenario de los Tallos Celestiales y las Ramas Terrestres.

Visto de otra manera, un animal celestial con un elemento en particular solo se presentará cada 60 años.

Por ejemplo, el siguiente año del Mono de Fuego ocurrirá en el año 2076 y el siguiente año del Gallo de Fuego ocurrirá en el año 2077.

La división del año en 12 meses proviene del ciclo lunar y cada mes equivale a un ciclo completo de la Luna. Debido al movimiento de translación de la tierra, cada luna nueva aparece en un lugar diferente del telón de fondo de las estrellas, estos son los mismos sectores por los que Júpiter realiza su periplo de 12 años. Cuando la luna llena se ubica en el sector de Yin (fonema diferente que en Yin/Yang), este es el mes del Tigre (febrero) y así sucesivamente hasta llegar al sector de Chou (mes del Buey, enero). De la misma manera que cada año es acompañado de un Tallo Celestial, cada mes también presenta una fase de los Tallos Celestiales. Este mismo arreglo se da en las horas y los días.

El mismo ciclo sexagenario que es usado para asignar un signo y un elemento a cada año, es también aplicado para cada uno de los 365 días del año.

Los Tallos Celestiales y las Ramas Terrestres presentes en un momento determinado del tiempo (año, mes, día y hora) y la energía que cada uno representa -en conjunto- se conocen como "Los 4 Pilares del Destino".

De ahí que, el año, mes, día y hora de tu nacimiento, contenían una energía específica que te impregnó en tu primera respiración. Esta energía determina tu personalidad y la forma de expresarte ante al mundo, tu carácter y como reaccionas frente a tu entorno; otorgándote, además, recursos, talentos y potencialidades que delinearán tus capacidades y limitaciones. Este sistema explica los éxitos y los fracasos de una persona en todos los ámbitos de su vida.

El Animal Celestial o el "signo del zodiaco"

La utilización de los signos del "Zodiaco Chino" es de uso más reciente que el de las Ramas Terrestres y su equiparación tiene finalidades puramente nemotécnicas.

Tomemos por ejemplo el signo de la rata. La rata es un animal nocturno social y gregario; por ende es el emblema apropiado para la naturaleza Yin de la medianoche, el invierno, la femineidad y el norte. Una persona para la cual el Signo de la Rata le es favorable, estará en su zona de confort, en una salida nocturna y en medio de una multitud. Directamente opuesto a este signo, se encuentra el Caballo, el emblema del mediodía, el verano y el sur. El Caballo simboliza independencia, la pasión, la masculinidad, características Yang en su máxima expresión.

Como hemos visto anteriormente, a cada año le corresponde una Rama Terrestre o un mal llamado "signo del zodiaco chino" y un Tallo Celestial, por ello, el año de tu nacimiento te asignará una energía que conformará uno de los Cuatro Pilares de tu sistema Ba Zi, valga la redundancia, el pilar del año. Recuerda que el año nuevo chino comienza en febrero, por lo que si naciste entre el 1ero de enero y el 3 de febrero de cualquier año, tu "signo zodiacal chino" corresponde al año anterior. En la tabla a continuación puedes consultar el signo correspondiente a los años comprendidos entre 1924 y 2023.

Tabla 7.2 Los años y el "signo del zodiaco" correspondiente

Año	Comienzo	Signo del Zodiaco	Elemento
1924	Feb 5 / 9:50 am	Rata	Madera
1925	Feb 4 / 3:37 pm	Buey	Madera
1926	Feb 4 / 9:39 am	Tigre	Fuego
1927	Feb 5 / 3:31 am	Conejo	Fuego
1928	Feb 5 / 9:17 am	Dragón	Tierra
1929	Feb 4 / 3:09 pm	Serpiente	Tierra
1930	Feb 4 / 8:52 pm	Caballo	Metal
1931	Feb 5 / 2:41 am	Oveja	Metal
1932	Feb 5 / 8:30 am	Mono	Agua
1933	Feb 4 / 2:10 pm	Gallo	Agua
1934	Feb 4 / 8:04 pm	Perro	Madera
1935	Feb 5 / 1:49 am	Cerdo	Madera
1936	Feb 5 / 7:30 am	Rata	Fuego
1937	Feb 4 / 1:26 pm	Buey	Fuego
1938	Feb 4 / 7:15 pm	Tigre	Tierra
1939	Feb 5 / 1:11 am	Conejo	Tierra
1940	Feb 5 / 7:08 am	Dragón	Metal
1941	Feb 4 / 12:50 pm	Serpiente	Metal
1942	Feb 4 / 6:49 pm	Caballo	Agua
1943	Feb 5 / 12:41 am	Oveja	Agua
1944	Feb 5 / 6:23 am	Mono	Madera
1945	Feb 4 / 12:20 pm	Gallo	Madera
1946	Feb 4 / 6:05 pm	Perro	Fuego
1947	Feb 4 / 11:55 pm	Cerdo	Fuego
1948	Feb 5 / 5:43 am	Rata	Tierra
1949	Feb 4 / 11:23 am	Buey	Tierra
1950	Feb 4 / 5:21 pm	Tigre	Metal
1951	Feb 4 / 11:14 pm	Conejo	Metal

Año	Comienzo	Signo del Zodiaco	Elemento
1952	Feb 5 / 4:54 am	Dragón	Agua
1953	Feb 4 / 10:46 am	Serpiente	Agua
1954	Feb 4 / 4:31 pm	Caballo	Madera
1955	Feb 4 / 10:18 pm	Oveja	Madera
1956	Feb 5 / 4:13 am	Mono	Fuego
1957	Feb 4 / 9:55 am	Gallo	Fuego
1958	Feb 4 / 3:50 pm	Perro	Tierra
1959	Feb 4 / 9:43 pm	Cerdo	Tierra
1960	Feb 5 / 3:23 am	Rata	Metal
1961	Feb 4 / 9:23 am	Buey	Metal
1962	Feb 4 / 3:18 pm	Tigre	Agua
1963	Feb 4 / 9:08 pm	Conejo	Agua
1964	Feb 5 / 3:05 am	Dragón	Madera
1965	Feb 4 / 8:46 am	Serpiente	Madera
1966	Feb 4 / 2:38 pm	Caballo	Fuego
1967	Feb 4 / 8:31 pm	Oveja	Fuego
1968	Feb 5 / 2:08 am	Mono	Tierra
1969	Feb 4 / 7:59 am	Gallo	Tierra
1970	Feb 4 / 1:46 pm	Perro	Metal
1971	Feb 4 / 7:26 pm	Cerdo	Metal
1972	Feb 5 / 1:20 am	Rata	Agua
1973	Feb 4 /7:04 am	Buey	Agua
1974	Feb 4 / 1:00 pm	Tigre	Madera
1975	Feb 4 / 6:59 pm	Conejo	Madera
1976	Feb 5 / 12:40 am	Dragón	Fuego
1977	Feb 4 / 6:34 am	Serpiente	Fuego
1978	Feb 4 / 12:27 pm	Caballo	Tierra
1979	Feb 4 / 6:13 pm	Oveja	Tierra
1980	Feb 5 / 12:10 am	Mono	Metal

Año	Comienzo	Signo del Zodiaco	Elemento
1981	Feb 4 / 5:56 am	Gallo	Metal
1982	Feb 4 / 11:46 am	Perro	Agua
1983	Feb 4 / 5:40 pm	Cerdo	Agua
1984	Feb 4 / 11:19 pm	Rata	Madera
1985	Feb 4 / 5:12 am	Buey	Madera
1986	Feb 4 / 11:09 am	Tigre	Fuego
1987	Feb 4 / 4:52 pm	Conejo	Fuego
1988	Feb 4 / 10:43 pm	Dragón	Tierra
1989	Feb 4 / 4:27 am	Serpiente	Tierra
1990	Feb 4 / 10:15 am	Caballo	Metal
1991	Feb 4 / 4:08 pm	Oveja	Metal
1992	Feb 4 / 9:48 pm	Mono	Agua
1993	Feb 4 / 3:38 am	Gallo	Agua
1994	Feb 4 / 9:31 am	Perro	Madera
1995	Feb 4 / 3:14 pm	Cerdo	Madera
1996	Feb 4 / 9:08 pm	Rata	Fuego
1997	Feb 4 / 3:04 am	Buey	Fuego
1998	Feb 4 / 8:53 am	Tigre	Tierra
1999	Feb 4 / 2:42 pm	Conejo	Tierra
2000	Feb 4 / 8:32 pm	Dragón	Metal
2001	Feb 4 / 2:20 am	Serpiente	Metal
2002	Feb 4 / 8:08 am	Caballo	Agua
2003	Feb 4 / 1:57 pm	Oveja	Agua
2004	Feb 4 / 7:46 pm	Mono	Madera
2005	Feb 4 / 1:34 am	Gallo	Madera
2006	Feb 4 / 7:25 am	Perro	Fuego
2007	Feb 4 / 1:14 pm	Cerdo	Fuego
2008	Feb 4 / 7:03 pm	Rata	Tierra
2009	Feb 4 / 12:52 am	Buey	Tierra

Año	Comienzo	Signo del Zodiaco	Elemento
2010	Feb 4 / 6:42 am	Tigre	Metal
2011	Feb 4 / 12:32 pm	Conejo	Metal
2012	Feb 4 / 6:40 pm	Dragón	Agua
2013	Feb 4 / 12:24 am	Serpiente	Agua
2014	Feb 4 / 6:21 am	Caballo	Madera
2015	Feb 4 / 12:09 pm	Oveja	Madera
2016	Feb 4 / 6:00 pm	Mono	Fuego
2017	Feb 3 / 11:49 pm	Gallo	Fuego
2018	Feb 4 / 5:38 am	Perro	Tierra
2019	Feb 4 / 11:28 am	Cerdo	Tierra
2020	Feb 4 / 5:18 pm	Rata	Metal
2021	Feb 3 / 11:08 pm	Buey	Metal
2022	Feb 4 / 4:58 am	Tigre	Agua
2023	Feb 4 / 10:47 am	Conejo	Agua

Recordemos que en la explicación de la base fundamental de la Técnica Ba Zi nos hemos referido a las direcciones y sectores en los que Júpiter aparece en la bóveda celeste durante un ciclo de 12 años y que su ubicación determina la Rama Terrestre del año; es decir que, cada Rama Terrestre o Animal Celestial tiene una dirección que lo representa. Al dividir los 360^0 de la bóveda celeste entre 12, obtendremos un sector de 30 grados que le pertenecen a cada una de las Ramas Terrestres o "animales celestiales".

Tabla 7.3 Signos del "zodiaco" y las direcciones que les corresponden

"Signo del zodiaco"	Orientación en Grados
Rata	345° – 15°
Buey	15° – 45°
Tigre	45° – 75°
Conejo	75° – 105°
Dragón	105° – 135°
Serpiente	135° – 165°
Caballo	165° – 195°
Oveja	195° – 225°
Mono	225° – 255°
Perro	255° – 285°
Gallo	285° – 315°
Cerdo	315° – 345°

Recordemos también que en el estudio del Luantau Pai definimos conceptos de armonía basados en el paisaje y el entorno; el Feng Shui también posee otra teoría basada en los Animales Celestiales -también conocidos como Ramas Terrestres- y sus armonías y desarmonías (Chi positivo y Chi negativo) provenientes del estudio de las 4 estaciones climáticas, los elementos que los gobiernan y la dirección de la bóveda celeste que le corresponde a cada uno.

Partiendo del concepto de que cada elemento -del ciclo de los 5 elementos, exceptuando la tierra que es el centro- tiene un nacimiento, una plenitud y un entierro; se pueden determinar armonías y desarmonías entre las Ramas Terrestres o "signos del zodiaco Chino".

Por ejemplo:

El Agua nace a inicios del otoño, el elemento del otoño es el Metal y el Metal condensa o genera Agua. El inicio del otoño está en la dirección del Mono.

El Agua tiene su plenitud en el invierno, cuando entra a su máximo apogeo. La plenitud del invierno es la dirección de la Rata.

El Agua tiene su entierro a finales de la primavera.

El elemento de la primavera es la Madera. La Madera reduce el Agua por absorción. El final de la primavera es la dirección del Dragón.

Entonces el elemento Agua, nace en la dirección al Mono, su apogeo está en dirección de la Rata y se entierra en la dirección del Dragón.

Este concepto también es aplicable a la Madera, el Fuego y el Metal y el resultado se lo puede observar en la figura de la siguiente página.

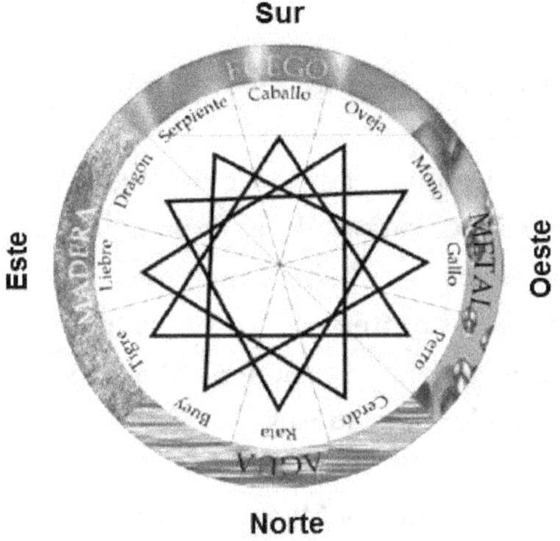

Figura 7.1 Las trilogías de los elementos

Tabla 7.4 Las trilogías de las Ramas Terrestres y el elemento que representan

Elemento	Nacimiento	Plenitud	Entierro
Agua	Mono	Rata	Dragón
Madera	Cerdo	Liebre	Oveja
Fuego	Tigre	Caballo	Perro
Metal	Serpiente	Gallo	Buey

Como resultado de este arreglo, los animales celestiales o Ramas Terrestres se sintonizan en grupos de tres, los mismos que llevados a la rueda de los elementos en las estaciones generan 4 triángulos.

Cada triángulo es una armonía, un trino o una trilogía.

- **Trilogía del Agua:** **Mono-Rata-Dragón**
  El triángulo de los realizadores
- **Trilogía de la Madera:** **Cerdo-Liebre-Oveja**
  El triángulo de los catalizadores o diplomáticos
- **Trilogía del Fuego:** **Tigre-Caballo-Perro**
  El triángulo de los protectores o independientes
- **Trilogía del Metal** **Serpiente-Gallo-Buey**
  El triángulo de los pensadores

De la misma manera en la que el Ming Gua puede tener una afinidad oculta hacia una dirección perteneciente a la familia opuesta. Las Ramas Terrestres, además de tener afinidad en su trilogía, también tienen una afinidad oculta. Las armonías ocultas se refieren a una combinación particular que cada símbolo (Rama Terrestre) posee; bajo ciertas condiciones estas armonías terminan formando un elemento de transformación. Por el momento no ahondaremos en este concepto por cuanto su explicación le pertenece al sistema Ba Zi, nos bastará con saber que estas combinaciones son 6, de ahí que también se las conoce como las combinaciones de seis.

La figura siguiente nos muestra las seis combinaciones o afinidades ocultas a las que hemos hecho referencia.

Figura 7.2 Las Ramas Terrestres y sus armonías ocultas

**Tabla 7.5 Las Ramas Terrestres, sus afinidades principales
y su afinidad oculta**

Signo	Afinidades Principales	Afinidad Oculta
Rata	Mono y Dragón	Buey
Buey	Gallo y Serpiente	Rata
Tigre	Caballo y Perro	Cerdo
Conejo	Cerdo y Oveja	Perro
Dragón	Mono y Rata	Gallo
Serpiente	Gallo y Buey	Mono
Caballo	Tigre y Perro	Oveja
Oveja	Conejo y Cerdo	Caballo
Mono	Rata y Dragón	Serpiente
Gallo	Serpiente y Buey	Dragón
Perro	Caballo y Tigre	Conejo
Cerdo	Conejo y Oveja	Tigre

En la rueda de las Ramas Terrestres, sus opuestos representan la antítesis y el contrario. En esa dirección y en ese tiempo se encuentra el Chi que es el menos favorable de todos para el signo en oposición.

Figura 7.3 Las Ramas Terrestres y sus opuestos

De la misma manera que las Ramas Terrestres (signos) tienen una afinidad oculta, los signos también tienen una desarmonía menos obvia.

Figura 7.4 Las Ramas Terrestres y sus desarmonías ocultas

Indudablemente, las afinidades principales tienen más relevancia que las ocultas, lo mismo ocurre para las desarmonías. Dependiendo de la naturaleza del "signo", las personas del mismo "signo" podrían ser compatibles, se puede decir que se vive en armonía por sintonía de onda. Sin embargo, solo el análisis de los Cuatro Pilares es el sintonizador ideal para determinar las verdaderas compatibilidades y desarmonías, así como la intensidad de las mismas.

Tabla 7.6 Las Ramas Terrestres, sus contrarios principales y sus contrarios ocultos

Signo	Contrario	Contrario Oculto
Rata	Caballo	Oveja
Buey	Oveja	Caballo
Tigre	Mono	Serpiente
Conejo	Gallo	Dragón
Dragón	Perro	Conejo
Serpiente	Cerdo	Tigre
Caballo	Rata	Buey
Oveja	Buey	Rata
Mono	Tigre	Cerdo
Gallo	Conejo	Perro
Perro	Dragón	Gallo
Cerdo	Serpiente	Mono

Aplicación del Horóscopo Chino

Todo lo que presenta armonía tiene Chi positivo y a mayor armonía, mayor es el Chi.

En las trilogías se encuentran las afinidades básicas entre los "signos del zodiaco chino".

Se dice que, para una persona del "signo" Mono, las mejores relaciones podrían ser con las personas de los "signos" Rata y Dragón; la unión presenta raíz, una base profunda.

Para una persona de signo Gallo, las mejores relaciones podrían ser con las personas de los signos Serpiente y Buey.

A un hombre del signo zodiacal del Gallo y de Ming Gua 4 (nacido en 1969), no se le ha podido posicionar el respaldar de su cama en una dirección apropiada; debido a cuestiones relacionadas a la forma de la habitación, las direcciones favorables (N, E, S, SE) para posicionar su cama no son utilizables. Vamos a utilizar el recurso de la armonía del signo para direccionar el escritorio. El sector del Gallo está al oeste, más precisamente entre 285° – 315°, esta dirección también le es favorable, ya que le genera Chi armónico y por ende auspicioso. Recordemos que el sistema de los Cuatro Pilares es la mejor forma de determinar las direcciones y símbolos apropiados para una persona. Si del análisis de los Cuatro Pilares de este hombre se define que el Gallo es un símbolo positivo para él; entonces la dirección del Gallo puede ser utilizada como una de las direcciones favorables para orientar su cama.

Una niña nacida en el año de la Serpiente, en el mes del Gallo, en el día del Buey y a la hora del Mono. Por ejemplo, año de la Serpiente de Agua, mes septiembre del Gallo de Metal, día del Buey de Metal y a la hora del Mono de Fuego (4:42 PM), en la ciudad de Quito-Ecuador. La fecha corresponde al 2 de octubre del 2013. El estudio de los 4 Pilares del Destino arrojará que esta niña fue nacida en armonía y que muy probablemente será un gran pensador, muy creativo, un gran estudioso. Recibirá ayuda de muchas personas y tendrá una vida fácil. Nació en un día de energía estable y su vida siempre tendrá un designio afortunado y auspicioso.

Esta persona disfrutará de la energía del Metal y de la Tierra y de los ciclos de tiempo que las representan o sintonizan. La energía deprimente para este sistema Bazí provendrá del Fuego y de sus ciclos de tiempo, así como de las direcciones que lo sintonizan o representan.

Además, el día del nacimiento de esta niña también será un día favorable para muchas personas. Es un buen día para inaugurar un negocio, firmar un contrato, realizar un evento, etc.

Los Juegos Olímpicos de Beijing 2008 se inauguraron el 8 de agosto. Año de la Rata, Mes del Mono y en un día del Dragón. La armonía de los emprendimientos, la trilogía del agua.

La fecha es armónica y de Chi positivo; además de esto, todos los estadios fueron construidos con un eje Norte-Sur, con asiento Norte, que es precisamente la dirección del elemento Agua y del signo de la Rata.

Lo que -en la práctica- aseguraría el éxito de los Juegos Olímpicos de China 2008. Sin duda, esos juegos marcaron el surgimiento de China como una de las superpotencias del deporte Olímpico Mundial.

Los "signos del zodiaco chino" o 12 Ramas Terrestres se pueden utilizar como un sintonizador de espacio y tiempo, a través de ellos se puede encontrar el Chi propicio y utilizarlo; y a su vez, también encontrar el Chi negativo y evitarlo.

Los Cuatro Pilares del destino nos ayudan a entender el designio celestial de una persona. No olvidemos que este designio será influenciado por el Chi de la tierra (el Entorno) y el Chi del hombre (nuestros actos). La armonía completa solo puede ser alcanzada cuando existe una conjunción positiva de estos tres componentes de la energía.

Una persona cuyo designio celestial es austero y difícil, puede mejorar su vida buscando el Chi apropiado en su entorno y generando Chi positivo en sus acciones. El sistema Ba Zi nos permite sintonizarnos con los designios celestiales de nuestro destino. □

Sabiduría, bondad, amor, equidad y justicia.
LANZ

Bibliografía

Diamond, K. 2006. The Feng Shui Matrix. Four Pillars Publishing, California, U.S.A.

Koppel, M & Koppel, B. 2012. 2013 Año de la serpiente de agua yin. Santillana Ediciones, México D.F. México.

Moran, E., Yu, J. & Biktashev, V. 2005. The complete Idiot's Guide to Feng Shui. Third Edition. Alpha Books, New York, U.S.A.

Sang, L. 2008. The principles of Feng Shui. Eight Edition. The American Feng Shui Institute, California, U.S.A.

Skinner, S. 2003. Flying Star Feng Shui. Periplus Editions, Vermont, U.S.A.

Too, L. 1998.Feng Shui esencial. Ediciones Oniro, Barcelona, España.

Wong, E. 2001. A Master Course in Feng Shui. Shambhala Publications, Massachusetts, U.S.A.

Para asesorías, cursos, diseño de jardines, asistencia en la
elaboración de planos, proyectos de construcción, estudios de Feng
Shui y de los 4Pilares (Bazi).

E-mail:

info@masterlanz.com

Página web:

http://www.masterlanz.com

Facebook:

facebook/LANZ FENG SHUI

Tel: (593) -0- 995868932

Este libro se terminó de imprimir en el año del Mono de Fuego, durante el mes del Mono de Fuego y en el día del Mono de Agua, Quito-Ecuador.